OSTSEE
20 m
Bakenberg/Rügen
Varnkewitz/Rügen
Kreptitz/Rügen
Arkona/Rügen
Drewoldke/Rügen
Dranske/Rügen
Nardewitz-Hellgrund/Rügen
Bisdamitz/Rügen
Lohme/Rügen
20 m
HIDDENSEE
JASMUND
ow-Hohe Düne
Zingst
UMMANZ
RÜGEN
Neumukran/Rügen
Binz/Rügen
3 Tauchplätze
Bergen
Sellin/Rügen
Seebrücke u. Quitzlasriff
Kleiner Stubben/Rügen
Stralsund
Muglitzer Ort/Rügen
GREIFSWALDER
BODDEN
Wracktauchen
vor Greifswald
ODERBU
Usedom
Greifswald
USEDOM
Flachwassergebiet
bis 10 m
20 m
Tiefenlinie
0
30 km
N
W
O
S

Falk Wieland

# Tauchplätze in der Ostsee

## Nordwest-Mecklenburg bis Usedom

Ein Buch der Zeitschrift *tauchen*

Jahr-Verlag Hamburg

Die Deutsche Bibliothek - CIP - Einheitsaufnahme

**Wieland, Falk:**

Tauchplätze in der Ostsee: Nordwest-Mecklenburg bis Usedorm / Falk Wieland. - Hamburg: Jahr, 1999
ISBN 3-86132-476-8

Autor: Falk Wieland
Redaktionelle Bearbeitung: Gerolf Dietel und Inci Isabell Kaylan
Karten: Rainer Jahnke
Titelgestaltung und Layout: Klaus Kuisys
Litho: Gass, Hamburg
Druck: freiburger graphische betriebe, Freiburg


Jessenstr. 1, D-22767 Hamburg
Telefon 040 / 38 906 0, Telefax 040 / 38 906 302



ISBN: 3-86132-476-8

# Inhalt

# Die Farben der Ostsee

Blaugrünes Wasser mit silbergrauen Fischschwärmen, glänzend schwarze Miesmuschelbänke und leuchtend rote Tangarten, sattgrüne Seegraswiesen mit interessant gemusterten Garnelen und rot-orange getupften Plattfischen – die Farben der Ostsee erlebt jeder anders. Häufig genug liegen zwischen den schönen Erinnerungen Tauchgänge, bei denen man nur Schlickflächen oder Sandrippeln „bis zum Horizont" erkunden konnte.
Die Ostsee ist eine spröde Schönheit, und der Naturbeobachter

*Oft sieht man Miesmuschelbänke, die eine farbliche Abwechslung zu den Seegraswiesen und Sandflächen bilden.*

findet überwiegend unauffällig gefärbte Tier- und Pflanzenarten. Es ist schon ein ganz besonderer Tag, an dem ein geradezu bunter Butterfisch gesichtet wird. Im beschriebenen Teil der Ostsee leben etwa 60 bis 90 größere Tier- und Pflanzenarten, die zum Teil aus dem marinen Milieu, zu 30 Prozent jedoch aus dem Süßwasser stammen. Mehr Arten haben sich bislang in dem schwierigen Lebensraum Brackwasser nicht ansiedeln können, da die Ostsee in ihrer derzeitigen Form erst 10 000 Jahre alt ist. Dafür kommen die

*Unter anderem sorgen reich bewachsene Hartböden (zum Beispiel Findlinge) und Seegraswiesen für abwechslungsreiche Tauchgänge in der Ostsee.*

wenigen Arten oft in großen Individuenzahlen vor. Aber gerade dieses eigentümliche Gemisch aus ozeanischen Arten und Süßwasserbewohnern macht das Besondere, weltweit Einzigartige unserer „alten jungen“ Ostsee aus.

Die vorliegenden Tauchplatzbeschreibungen helfen Ihnen, dort zu tauchen, wo es etwas zu sehen gibt. Dennoch ist immer Ihre Aufmerksamkeit und Beobachtungsgabe gefragt, denn die Lebewesen der Ostsee verfügen nicht über die Farbenpracht und Artenfülle eines tropischen Riffs. Erkunden Sie selbst, und die Ostsee wird Sie mit interessanten Szenen aus dem Leben eines Brackwassermeeres überraschen.

*Pulsnitz, im März 1999*

# Klützer Winkel und Wismarbucht

Das Seegebiet vor dem Klützer Winkel und der Wismarbucht gilt als Übergangsbereich von der Nord- zur Ostsee. Rund um Wismar findet man oberflächlich einen Salzgehalt des Ostseewassers von etwa elf bis zwölf Promille. Schon im Tiefenbereich von 10 bis 20 Meter kann dieser Salzgehalt rasant auf bis zu 25 Promille ansteigen (Meerwasser 35 Promille). Diese Schichtung wird durch die positive Wasserbilanz der Ostsee hervorgerufen:
Die einströmenden Süßwasserflüsse vermischen sich mit dem Ostseewasser, und eine relativ salzarme, warme und im physikalischen Sinne leichte Oberflächenschicht fließt ständig in Richtung Nordsee ab. Im Gegenzug strömt über den Großen und Kleinen Belt salzreiches, kaltes und damit schweres Tiefenwasser aus der Nordsee in die Ostsee. Dieser wind- und wetterabhängige Einstrom ist sehr wichtig für die Sauerstoffversorgung der tieferen Ostseebereiche.

*Im tieferen Wasser der Wismarbucht sind oft einzelne Seenelken zu entdecken.*

Überwiegend maritimes Flair prägt diesen Küstenabschnitt: Miesmuschelbänke mit Schwämmen und Seescheiden, zahlreiche Meeresfische in Seegraswiesen und viele Plattfische über Sandboden. Bei Tauchausfahrten können Seerosen, Seenelken, Lippfische und Meeräschen beobachtet werden. In küstennahen Flachwassergebieten leben einige wenige Süßwasserarten wie Teichfaden, Kammlaichkraut, Flußbarsche und Plötzen, die den Unterschied dieses Lebensraumes zur Nordsee bildhaft zeigen.

*In der Nähe von dem Dorf Groß Schwansee können Sie Ihre Ausrüstung auf einem Strandparkplatz für den Tauchgang vorbereiten.*

**Tauchgebiet** *Groß Schwansee*

**Anfahrt**

Von der B 105 / E 22 Lübeck – Grevesmühlen fahren Sie ab in Richtung Klütz und dann weiter nach Kalkhorst. Richtung Nordwest führt eine Landstraße weiter bis in Ortslage des Dörfchens Groß Schwansee. Auf einer Lindenallee aus „auf Stock" heruntergeschnittenen Linden erreichen Sie den Strandparkplatz hinter den Dünen. Dort können Sie Ihr Auto abstellen.

**Einstieg**

Je nach Parkplatz sind 50 bis 80 Meter mit Ausrüstung über den Dünenübergang und Sandbadestrand zu laufen.

**Tiefe**

Es handelt sich um einen Flachwassertauchplatz, etwa 500 Meter draußen sind maximal sechs bis sieben Meter Tiefe erreichbar. Die Sicht beträgt häufig sechs bis zehn Meter, bei auflandigem Nordwestwind kann sie ein bis zwei Meter betragen.

*Steinbutte sind durch ihre sandfarbene Färbung so gut getarnt, daß man sie am Meeresboden kaum erkennen kann.*

**Flora und Fauna**

Wir finden unter Wasser den ostseetypischen Sandboden mit Wellenrippeln „bis zum Horizont". Immer wieder sind Plattfische und Sandgarnelen zu beobachten, stellenweise gibt es Sandaale. Ab und an entdecken wir sedimentgefüllte, etwas tiefere Senken im festen Sand, die meist von Findlingen mit Blasen-, Darm- und Rotem Gabeltang-Aufwuchs begrenzt werden. Hier liegt das Revier der Strandkrabben. Manche Steine sind für Ostseeverhältnisse farbenprächtig mit Blasentang, Rotem Gabeltang und Darmtang bewachsen. In Schnorcheltiefen leben Sandklaffmuscheln und Wattwürmer, so daß man auch ohne Tauchausrüstung losziehen kann.

**Sicherheitshinweis**

Bei ruhigem Wetter reicht die Atemluft im flachen Wasser „ewig". Sie können sehr weit hinaustauchen, sollten aber auf die Schraubengeräusche eventuell hier arbeitender Fischkutter achten. Diese kommen kaum näher als auf drei bis vier Kilometer an die Uferzone heran.

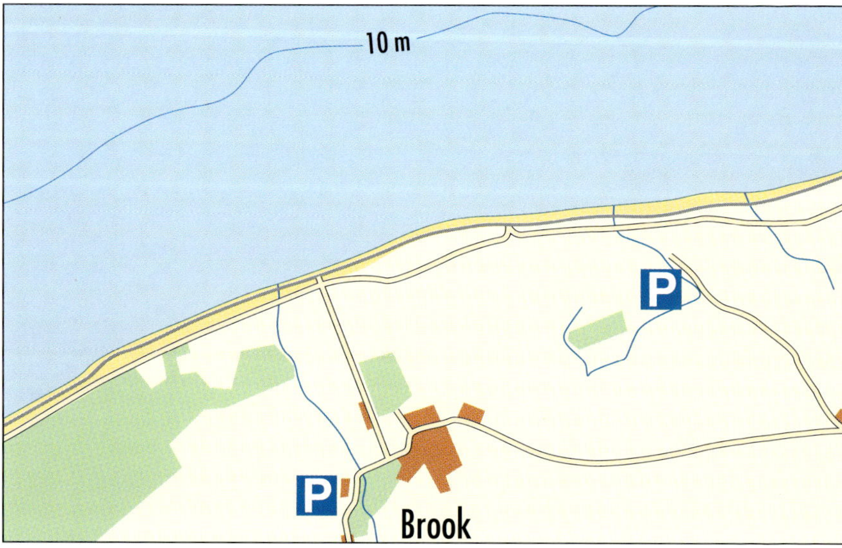


*Am nördlichen Ortsende des Dorfes Brook finden Sie einen gebührenpflichtigen Parkplatz. Danach sind es noch 250 Meter bis zum Wasser.*

**Tauchgebiet** *Brook*

**Anfahrt**

Von der B 195 / E 22 Lübeck – Grevesmühlen oder von Wismar aus fahren Sie nach Klütz und über Kalkhorst weiter ins Dorf Brook. In Brook folgen Sie der Ausschilderung „Strand" bis zum gebührenpflichtigen Parkplatz am nördlichen Ortsende.

**Einstieg**

Vom Parkplatz muß die Ausrüstung etwa 250 Meter über einen breiten Weg und das sanft ansteigende Hochufer getragen werden. Eventuell benötigen Sie einen Caddy. Der Strand ist steinig, und es liegen viele Findlinge am und im Wasser. Nach Osten hin erstreckt sich ein malerisches Hochufer mit Strandwald.

**Tiefe**

Etwa 750 Meter vor Brook können Sie zehn bis zwölf Meter tief absteigen, sechs bis sieben Meter Tiefe sind nach dem Passieren zweier markanter Sandbarren auf jeden Fall möglich.

*Passiert man den Dünenübergang, gelangt man an den steinigen Strand vor Brook.*

**Flora und Fauna**

Mit farbenprächtigen Tangarten bewachsene Steine sind die Oasen des kahlen Sandbodens. Außerdem gibt es hier kräftige Seegrasvorkommen. Man kann Aale, Steinbutte und Flundern beobachten, im Frühsommer sind in Ufernähe Makrelen, Heringe und Hornhechte zu sehen. Der Bereich vor dem Badestrand mit Sandboden eignet sich ausgezeichntet für Langstreckenschwimmen. Weiter nördlich sind große Findlinge, tischgroße Steine, zahlreiche Grundeln und etwa münzgroße violette Seesterne zu bewundern. Bisweilen lassen sich Klippenbarsche beobachten.

**Sicherheitshinweis**

Vorsicht bei ablandigem Wind! Prüfen Sie die Strömungsverhältnisse! Im Hochsommer achten Sie bitte auf Segler und Surfer, und führen Sie gegebenenfalls eine Taucherboje mit.

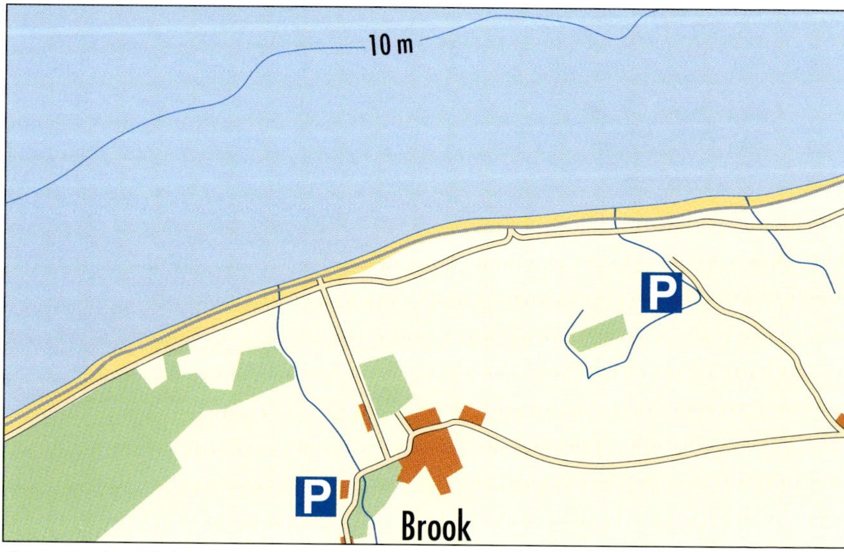


*Ganz in der Nähe von Warnkenhagen (und Brook) liegt der Tauchplatz „Am Kolonnenweg“. Vom Parkplatz aus hat man eine herrliche Aussicht.*

**Tauchgebiet**

# Am Kolonnenweg

**Anfahrt**

Von Wismar aus fahren Sie auf der B 105 / E 22 bis Gägelow, hier verlassen Sie die Bundesstraße und chauffieren über Wohlenberg, Klütz, Elmenhorst nach Warnkenhagen. Am westlichen Ortsausgangsschild von Warnkenhagen biegen Sie rechts ab. Eine unscheinbare Fahrspur führt nach Norden durch ein Wäldchen mit einem Reetdachhaus. Oberhalb einer Feldsteinmauer gelangen sie zum Parkplatz mit Meerblick. (Der Parkplatz ist z.B. auf KOMPASS-Wanderkarten verzeichnet.)

**Einstieg**

An diesem Tauchplatz senkt sich das Hochufer auf halbem Wege zwischen Brook und Kleinklützhöved zu einem malerischen Taleinschnitt. Etwa 50 Meter schreitet man zwischen Brombeersträuchern und Sanddornbüschen abwärts zum Wasser. Links des Weges plätschert ein wasserreicher Bach zum Meer.

**Tiefe**

Auf einem einstündigen Tauchgang erreicht man maximal sechs

bis acht Meter Tiefe. Draußen vor diesem Tauchplatz sehen Sie sternförmig angeordnete, in den Meeresgrund gerammte Stahlpfosten zur Befestigung von Reusen oder Stellnetzen. Dorthin zu tauchen ist interessant, aber anstrengend. Bei den Pfählen ist es sechs Meter tief, östlich davon zirka acht Meter.

**Flora und Fauna**

Diverse Sand- und Schwimmgrundeln bevölkern kleine Seegrasflecken und Blasentangbestände. Weit draußen gibt es ausgedehnte Seegrasflächen mit Dorschen, Heringen und Plattfischen. Die Fischer haben nicht umsonst eine stationäre Netzaufhängung geschaffen.
Bei Sturm schichtet das Meer vor dem Hochufer zahlreiche Findlinge, Feuersteinschüttungen und sogar entwurzelte Bäume um. Diese jedes Jahr veränderten Plätze dienen den Fischen, beispielsweise Steinpickern, als Unterschlupf.

**Sicherheitshinweis**

Bei Windstille und guter Sicht sind die gesetzten und mit Fischen gefüllten Netze zweifellos ein Erlebnis, aber die Fischer sehen Taucher dort nicht gern. Bei heftigem Wellengang und Strömung besteht die Gefahr, sich zu verhaken. Auch bei leichtem Nordwestwind baut sich vor diesem Tauchplatz ein küstenparalleler Strom Richtung Großklützhöved auf.

**Tip**

An diesem Küstenabschnitt können Sie an mehreren Stellen, meist nördlich vor den Orten, relativ nah an die Küste heranfahren und parken. Der parallel zur Küste laufende Kolonnenweg darf jedoch aus Naturschutzgründen nicht benutzt werden. Im Sommer fahren BGS und Polizei Streife.

*An den Felsen im Flachwasser haften prächtige Tangbestände.*

*Wenn Sie über Elmenhorst nach Warnkenhagen fahren und bei der Kastanie mit zwei Stämmen abbiegen, kommen Sie zu dem gewünschten Parkplatz.*

**Tauchgebiet**

# *Warnkenhagen*

**Anfahrt**

Von Wismar fahren Sie über die B 105 / E 22 bis Gägelow, dann über Landstraßen durch Klütz-Elmenhorst nach Warnkenhagen. Von Elmenhorst kommend, fallen Ihnen in Warnkenhagen zunächst links mehrere weiße Einfamilienhäuser auf, ehe Sie rechts, bei einer partiell ziegelgemauerten Scheune und einer Kastanie mit zwei Stämmen, abbiegen. Bald erreichen Sie einen kleinen, teils mit Betonelementen belegten Parkplatz.

**Einstieg**

Zunächst führt ein zum Teil mit Knüppelholz befestigter Weg vom Parkplatz durch den dichten Küstenwald bis zu einer kleinen Wiese. Dann geht es mit Hilfe einer etwas abenteuerlich anmutenden Stahlleiter und natürlichen Stufen im lehmigen Steilufer bis hinunter an den Strand. Wenn der Erdboden naß ist, wird dieser Weg recht gefährlich. Bitte prüfen Sie zunächst ohne Ausrüstung, ob Sie den Einstieg für akzeptabel halten.

*Das malerische Steilufer nördlich von Warnkenhagen eignet sich nicht nur als Taucheinstieg, sondern auch für lange Strandspaziergänge.*

**Tiefe**

Vor Warnkenhagen und dem östlich anschließenden Kleinklützhöved ist die 6-Meter-Tiefenlinie relativ dicht unter Land. Weiter draußen können Sie bis zu 10 Meter tief tauchen. Die Horizontalsicht liegt je nach Wind bei 4 bis 10 Meter.

**Flora und Fauna**

Über einem Untergrund aus festem Sand mit einzelnen Findlingen wächst im Flachwasser Blasentang, weiter draußen auch Seegras. Neben zahlreichen anderen Tangarten, verschiedenen Grundeln und Brotkrumenschwämmen beobachten wir eigentümliche inselartige Seegrasbulte auf Sandwellen, die ein wenig wie Unterwassersavannen wirken. Plattfische sind häufig, Hornhechte und Steinpicker gelegentlich zu sehen.

**Sicherheitshinweis**

Bei nordwestlichen Winden entsteht eine küstenparallele Strömung, die das Zurückschwimmen zum Land erheblich erschwert. Auch bei scheinbar harmlosen Windstärken können mehrere hundert Meter draußen schon Wellenhöhen von einem Meter und mehr auftreten.

*Oberhalb des Hochufers bei Steinbeck liegt ein für Taucher nützlicher Parkplatz. Von hier aus führt ein 150 Meter langer Weg zur Ostsee.*

**Tauchgebiet** *Steinbeck*

**Anfahrt** Von Wismar fahren Sie über Gägelow, Wohlenberg, Klütz und Redewisch nach Steinbeck zum Parkplatz oberhalb des Hochufers.

**Einstieg:** Am Parkplatz vorbei fließt ein Bach gen Ostsee, etwa 150 Meter sind über einen befestigten Weg zum Meer zurückzulegen. Seewärts gesehen rechts vom Weg befindet sich ein Privatgrundstück mit Ziergehölzen und Bänken, das der Öffentlichkeit zugänglich ist. Von hier hat man einen wunderbaren Ausblick auf die Ostsee und die vorspringenden Steilufer links und rechts des Tauchplatzes. Nach Osten hin schließt sich – wie ein kleines Kap – das Großklützhöved an. Unten am Meer befindet sich eine halb zerstörte Betonfläche, ein ehemaliger Aussichtspunkt der Grenzsoldaten. Davor liegt ein Stück aus Natursteinen bestehende Mole, links und rechts davon läßt sich der Tauchgang gut vorbereiten.

*An den weiten, nahrungsreichen Seegraswiesen sind eine Vielzahl von Kleintieren und Fischen zu beobachten.*

**Tiefe**

Nach Überwinden einer nur knietief gelegenen Sandbank können Sie von diesem Tauchplatz aus leicht 6 bis 8 Meter Tiefe erreichen. Bei heftigem auflandigem Wind kann die Sicht bei nur 2 Meter liegen, aber oft ist die Region vor Steinbeck mit 6 bis 15 Meter Horizontalsicht ein wunderbarer Tauchplatz.

**Flora und Fauna**

Ufernah entdecken wir Sandwellen mit zunächst nur inselartigen Seegrasvorkommen, aber ab 3 Meter Tiefe finden wir ausgedehnte dichte Seegraswiesen vor. Dieser grüne Dschungel ist Heimstatt einer Vielzahl von Kleintieren, wie etwa Flohkrebsen, Meerasseln, verschiedenen Garnelen, am Seegras haftenden Muscheln und Schnecken. Die nahrungsreichen Seegraswiesen sind Futterplatz und Versteck zugleich für Fische wie Dorsche, Aale, Seeskorpione, Steinbutte, Schollen und Klippenbarsche. Die dichte Seegraswiese wird teils unterbrochen von bewachsenen Findlingen, die mit vielen anhaftenden Tangarten, Grundeln und Miesmuscheln ein besonderer Lebensraum sind. Rechts vom Einstieg, etwa 5 Meter tief, liegt ein Felsbrocken von etwa 2 Meter Höhe und 3 Meter Durchmesser, der einen Mikrokosmos für sich darstellt. Bootsreste, Planken, diverse Schwemmhölzer, mit roten Tangen und Brotkrumenschwämmen bedeckt, gestalten diesen Tauchplatz interessant. Auf Grund des Fischreichtums in den Seegraswiesen ist Nachttauchen empfehlenswert.

**Sicherheitshinweis**

Vorsicht über den kugelrunden, sehr glatten Steinen im Einstiegsbereich.

*Auch der letzte gebührenpflichtige Parkplatz in Boltenhagen (Richtung Steinbeck) eignet sich für Taucher.*

**Tauchgebiet** *Boltenhagen / Weststrand*

**Anfahrt**

Von Wismar fahren Sie über Gägelow und Klütz nach Boltenhagen. Im Ort links abbiegen, in Sichtweite der Ostsee entlangfahren. Am westlichen Ortsende steigt das Hochufer vor Redewisch an, gleichzeitig führt die Straße hart links Richtung Steinbeck. Vor dieser Kurve den letzten gebührenpflichtigen Parkplatz von Boltenhagen aufsuchen.

**Einstieg:**

Am besten etwa 150 Meter weit zum Strand laufen und zwischen den, Richtung Westen gesehen, letzten beiden Holzbuhnenreihen fertig aufrödeln und hinausschnorcheln.

**Tiefe**

Dieser Tauchplatz ist zirka 6 bis 7 Meter tief. Häufig liegt die Horizontalsicht bei 6 bis 10 Meter, weil das Großklützhöved die vorherrschenden Westwinde abfängt. Im zentralen Teil der Boltenhagener Bucht wird es bis zu 15 Meter tief. Allerdings ist diese Region nur per Boot erreichbar.

*Boltenhagen / Weststrand: Im Hintergrund liegt das Großklützhöved.*

Bereits der in Schnorcheltiefe liegende Bewuchs der Holzbuhnen mit Muscheln, Moostierchen und Tangen ist interessant. Im Flachwasser leben häufig große Flußbarsche. Nach dem seeseitigen Ende der Buhnenreihen ist noch eine Sandbarre zu überwinden, ehe man die Tauchtiefe erreicht.

**Flora und Fauna**

Zahlreiche Tangarten, bizarre Polypenkolonien und Seegrasflächen schmücken den Grund. In den Seegraswiesen werden nicht selten Dorsche von einem Meter Länge, Flundern, Steinbutte und Aale gesichtet. Weiter draußen wechseln sich als Untergrund Seegraswiesen, Miesmuschelbänke und hellgraue, bizarr zernagte Mergelbänke ab. Die geologisch interessanten Mergelrippen ragen an einigen Stellen wie kleine Bergkämme aus dem Sand. Der Mergel ist besonders auffällig, weil sich darauf nur wenige Muscheln ansiedeln. Im Freiwasser schweben häufig phantastisch durchscheinende Ohrenquallen, während die bizarren Gelben Haarquallen eher seltene Irrgäste sind. Wer sich genau umsieht, entdeckt kräftig gerippte Herzmuscheln, Babydorsche, mehrere Seenadelarten und weitere baltische Miniaturen im Seegras. Vor allem nachts sind hübsch gezeichnete Butterfische und zahlreiche Strandkrabben zu beobachten.

*Die Kutterausfahrt der Tauchschule Boltenhagen führt von Großklützhöved über Steinbeck bis nach Brook, wo die Sicht meist hervorragend ist.*

**Tauchgebiet**

# *Auf See vor Großklützhöved und Steinbeck*

**Anfahrt**

Über Wismar, Gägelow, Wohlenberg und Klütz erreichen Sie Boltenhagen. Hier finden Sie entsprechende Angebote für Tauchausfahrten vor Großklützhöved und Steinbeck.

**Bootsfahrten**

Wirklich lohnend ist eine Tauchausfahrt in das Seegebiet vor Großklützhöved, Steinbeck bis Brook. In etwa 2 bis 4 Kilometer Abstand von der Küste werden hier 20 bis 23 Meter Tauchtiefe erreicht. Hier draußen gehen stets leichte, gut beherrschbare Strömungen, weshalb die Sicht oft ausgezeichnet ist.

**Flora und Fauna**

In diesem Seegebiet existieren rätselhafte, steilwandige Gräben und Täler. Große übermannshohe Steine wechseln sich ab mit Muschelbänken, kleineren Tangvorkommen und sandi-

*Zahlreiche mit Algen bewachsene Findlinge verwandeln den Ostseegrund in eine abwechslungsreiche Landschaft.*

gen Stellen. Hier draußen beobachtet man Steinbutt, Flunder, Scholle, Kliesche und Seezunge ebenso wie Meeräschen und Klippenbarsche. In dieser relativ tiefen Region treffen Taucher sogar im Hochsommer auf Seehasen.

*Dieser Barsch ist eigentlich ein Süßwasserfisch, doch er fühlt sich, wie mittlerweile viele seiner Artgenossen, auch in der Ostsee wohl.*

*Weit draußen vor Tarnewitz liegen die Reste eines militärischen Übungsziels, von dem aus man seinen Tauchgang vorbereiten kann.*

**Tauchgebiet**

# Zielschiff Tarnewitzer Huk

**Anfahrt**

Von Wismar fährt man über Gägelow und Klütz nach Boltenhagen. Am Ortseingang Boltenhagen nach rechts Richtung Ortsteil Tarnewitz abbiegen. Einfahrt in das ehemalige Militärgelände Boltenhagen-Tarnewitz, heute eine Treuhandliegenschaft, bekommt man nur in Begleitung der Tauchschule Barta Boltenhagen.

**Einstieg**

Etwa eine Viertelstunde Fahrt mit dem Motorschlauchboot, aber vom Strand gut sichtbar, liegt draußen im Meer ein angedeuteter Schiffskörper aus Stahlspundwänden und Beton. Dieses Zielschiff diente einst für Artilleriezielübungen. Rund um die Ruine ist das Wasser nur knietief, so daß man leicht aus dem Schlauchboot steigen und sich tauchfertig machen kann.

**Tiefe**

In diesem Tauchgebiet beträgt die maximale Tiefe 5 bis 7 Meter Tiefe, die Sicht ist oft sehr gut.

*Seepocken sind am Hartboden festgewachsene Krebse, die Larven sind freischwimmend.*

*Die winzige Baltische Meerassel ernährt sich vegetarisch und ist ein Blickfang für Makrofotografen.*

**Flora und Fauna**

Lichte Seegraswiesen und Schichten von Miesmuscheln bedecken den festen Sandboden. Dieser Tauchplatz ist vor allem für Makrofotografen (Asseln, Muscheln, Schnecken am Seegras) und zur Beobachtung der zahlreichen Plattfische oder Butte geeignet.

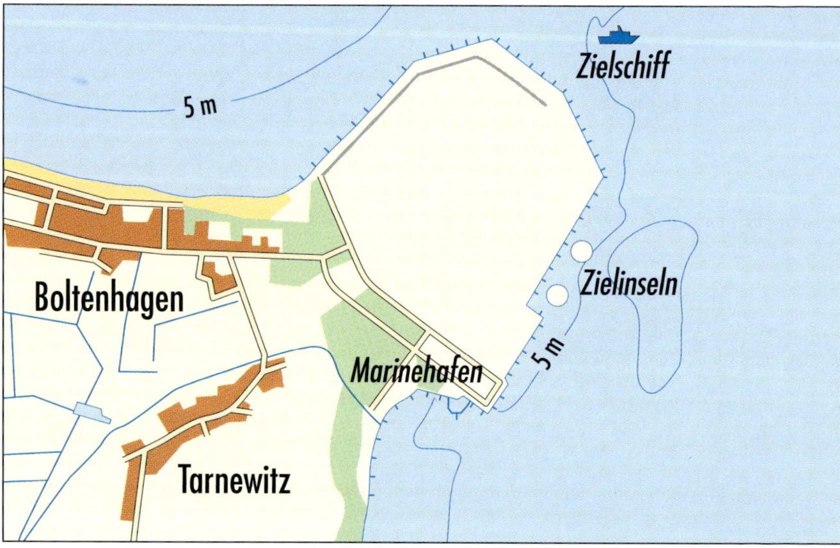


*In die ehemalige Militäranlage Boltenhagen-Tarnewitz kommt man nur in Begleitung der Tauchschule Barta Boltenhagen (siehe Adressen für Taucher).*

**Tauchgebiet**

# *Die Zielinseln von Tarnewitz*

**Anfahrt**

Von Wismar fährt man über Gägelow und Klütz nach Boltenhagen. Am Ortseingang Boltenhagen nach rechts Richtung Ortsteil Tarnewitz abbiegen. Einfahrt in das ehemalige Militärgelände Boltenhagen-Tarnewitz, heute eine Treuhandliegenschaft, bekommt man nur in Begleitung der Tauchschule Barta Boltenhagen. Mit dem Wagen gelangt man bis zu betonierten Parkflächen in der Nähe des alten Marinehafens Boltenhagen-Tarnewitz.

**Einstieg**

Ein schmaler Pfad führt zwischen Sanddornsträuchern hindurch zum Einstieg über flachen Sandboden.

**Geschichte**

Etwa 300 Meter vom Ufer sehen Sie eine massive Betoninsel, in einiger Entfernung dahinter eine zweite. Auf diesen beiden wuchtigen Fundamenten standen vor und während des Zweiten Weltkrieges große Zielscheiben, die dem Einschießen von

*Etwa 300 Meter vom Ufer entfernt liegen die Trümmerberge der ehemaligen Zielinseln von Tarnewitz.*

Flugzeugbordwaffen dienten. Das betreffende Flugzeug wurde dann in der Gegend des heutigen Einstiegs fest verankert. Durch den Beschuß von zwei in Feuerlinie hintereinander liegenden Scheiben konnten die Waffen eingeschossen, justiert und eventuelle ballistische Abweichungen erkannt werden.

**Tiefe**

Rund um die Inseln werden maximal 7 Meter Tiefe erreicht.

**Flora und Fauna**

Beide Inseln sind heute Trümmerberge mit einem Geröllkegel ringsum. Die Steine sind malerisch mit farbigen Tangen bewachsen, die Hohlräume der Ruine sind Rückzugsgebiete für Grundeln und Jungfischschwärme. Es ist immer wieder beeindruckend, wie farbenprächtig und artenreich die Ostsee sein kann, sobald den Organismen ein Hartboden als Substrat zur Verfügung steht.

**Tip**

In der Nähe der beiden Inseln gibt es auch eine über 7 Meter tiefe Region, in der ein für einige Zeit versenktes U-Boot lag. Aber dieses gute Stück ist leider längst zur Verschrottung gehoben worden, was jedoch militärische Einzelfunde nicht ausschließt. Hier taucht man an einer deutlich wahrnehmbaren Baggerkante.

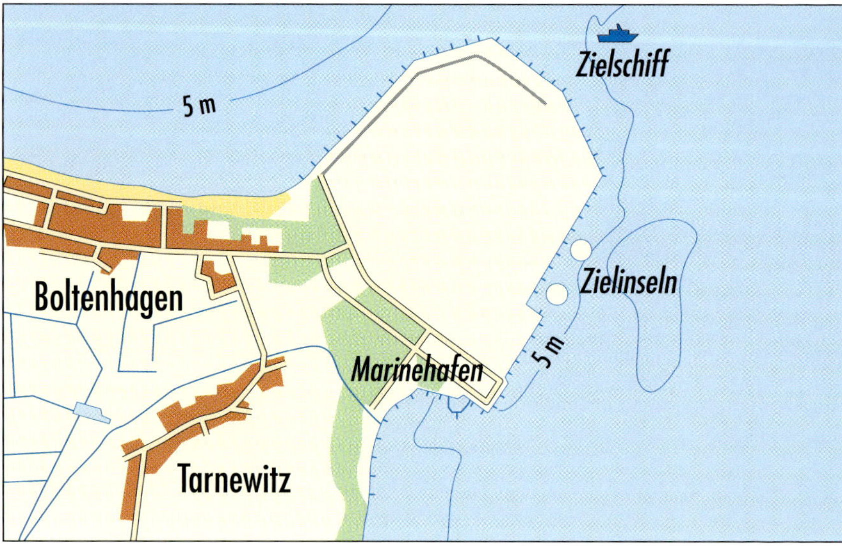


*In die ehemalige Militäranlage Boltenhagen-Tarnewitz kommt man nur in Begleitung der Tauchschule Barta Boltenhagen (siehe Adressen für Taucher).*

**Tauchgebiet**

# *Alter Marinehafen Tarnewitz*

**Anfahrt**

Von Wismar fährt man über Gägelow und Klütz nach Boltenhagen. Am Ortseingang Boltenhagen nach rechts Richtung Ortsteil Tarnewitz abbiegen. Einfahrt in das ehemalige Militärgelände Boltenhagen-Tarnewitz, heute eine Treuhandliegenschaft, bekommt man nur in Begleitung der Tauchschule Barta Boltenhagen.

**Einstieg**

Sofern Sie unmittelbar neben dem Hafenbecken parken, können Sie über die Stahlleitern in der Spundwand, über die Steinschüttung der Außenmole oder an der Slipanlage für Boote (200 Meter entfernt) ins Wasser steigen.

**Tiefe**

Das Hafenbecken selbst sind Tiefen von 2 bis 6 Meter erreichbar, außen vor dem Hafen ist es etwa 9 Meter tief. Die Sicht ist, bedingt durch die Westwindabschirmung der Tarnewitzer Huk, oft ausgezeichnet.

*Miltärische Vergangenheit und ein Hauch aus DDR-Zeiten sind unverkennbar: Der Taucheinstieg über die Stahlleitern der Spundwand ist anstrengend.*

**Geschichte** Die Tarnewitzer Huk wurde schon während des Ersten Weltkrieges militärisch genutzt, war im Zweiten Weltkrieg Flugplatz, Testgelände sowie Produktionsstätte für Flugzeugzubehör und diente zu DDR-Zeiten als Heimathafen für die Küstenwachboote der Volksmarine. Die militärische Vergangenheit ist in Form diverser Gebäude, Bunker, Hafenanlagen und rätselhafter Betongebilde überall erkennbar. Das Gelände ist weitgehend von Munition geräumt und untersteht der Treuhand-Nachfolgegesellschaft. Die Tarnewitzer Huk eignet sich vorzüglich zur Anlage einer Marina, für deren Bau ein Investor schon die notwendigen Genehmigungen einholt. Derzeit ist das Gelände gesichert und für Taucher nur im Rahmen einer Ausnahmegenehmigung über die Tauchschule Boltenhagen zugänglich.

**Tip** Lohnend sind das Betauchen der Außenmole, einer weiteren freistehenden Mole mitten im Hafen, die Besichtigung diverser Dalben und Spundwände und nicht zuletzt das Tauchen an den

*Für den alten Marinehafen sollte man mehrere Tauchgänge einplanen. An den alten Holzlandebrücken zu tauchen, ist ein phantastisches Erlebnis.*

alten Holzlandebrücken. Um alles zu sehen, ist ein Tauchgang zu kurz.

**Flora und Fauna**

Alle Bauwerke sind in der Spritzwasserzone reich mit Seepocken, Blasentang und Darmtang bewachsen. Wir sehen Moostierchenkolonien und Seerinde. Oberflächennah dominieren durchscheinende bis fast weiße Tangformen, in 3 bis 5 Meter Tiefe wachsen kräftige rote bis rotbraune Tange. Markenzeichen des Hafens sind prächtige Seescheidenkolonien. Wir beobachten hier purpurrote und rotbraune Schlauchseescheiden, in Hohlräumen und an Überhängen sind orange bis schneeweiße Seescheiden häufig. Die interessanten Hohltiere sind je 10 bis 15 Zentimeter hoch und bilden oft Kolonien von 2 bis 20 Stück.

Die durchscheinenden Ostseegarnelen führen ihr sprunghaftes Leben zwischen den hellgrünen Tangen in geringer Tiefe.

Dort, wo Miesmuscheln flächendeckend an Spundwänden haften, leben vier Grundelarten, zwei Stichlingsarten, Schwebegarnelen, mehrere Seenadelarten, Dorsche, Aale und

*Die Ostseegarnelen leben in geringerer Tiefe zwischen Tangen und können dem Fotografen in großen Sprüngen entgegenkommen.*

viele andere Fische. Hier sind vor allem Nachttauchgänge zu empfehlen. Ein ganz besonderer Tauchplatz ist die Region unter den alten Holzlandebrücken, in der phantastische Taucherbilder zwischen malerisch bewachsenen Pfosten, mit Seescheiden und farbenprächtigem Tang-Hintergrund, möglich sind.

**Helmtauchen**

Sofern sich mindestens zehn Interessenten anmelden, kann die Tauchschule Barta auch Wochenenden mit professionellen Helm- und Schlauchtauchgeräten organisieren. Auch diese Veranstaltung findet dann im alten Hafen Tarnewitz statt.

**Sicherheitshinweis**

Im alten Marinehafen von Boltenhagen-Tarnewitz haben nur noch zwei bis drei Fischkutter ihren ständigen Liegeplatz. Achten Sie auf Motoren- und Schraubengeräusche. Falls die Fischer da sind: Informieren Sie die Bootsführer über Ihren geplanten Tauchgang, insbesondere dann, wenn er unter den festgemachten Booten entlangführen soll. Bei guter Sicht sind erstaunliche Fotos von diesen an den alten Bollwerken vertäuten Kuttern möglich.

*Zwischen der Wohlenberger Wiek und Wohlenberg liegt am Westende der Bucht ein gebührenpflichtiger Parkplatz. Nicht auf der Mole parken!*

**Tauchgebiet**

# *Anleger Wohlenberg*

**Anfahrt**

Von Wismar fahren Sie über Gägelow und Proseken zur Wohlenberger Wiek. Noch vor Wohlenberg biegen Sie ab auf den gebührenpflichtigen Parkplatz am Westende der Bucht. Parken in der Zufahrt oder direkt auf der Mole ist verboten.

**Einstieg**

Vom Parkplatz aus ist die rotbraun gepönte Mole mit ihren Stahlspundwänden gut zu sehen. Der Anleger wurde einst errichtet, um die Kartoffelernte der Region zu verschiffen, ist heute jedoch weitgehend funktionslos. Sie laufen mit der Ausrüstung etwa 150 Meter zum Wasser und steigen rechts des Bauwerkes (östlich) ein.

**Tiefe**

Hart neben der Spundwand erreichen Sie 4 bis 6 Meter Tauchtiefe, in einigem Abstand zur Mole sind es 6 bis 9 Meter. Östlich des alten Anlegers, häufig von einheimischen Tauchern mit einer kleinen Boje markiert, gibt es ein 12 Meter tiefes

„Aalloch". Bei anhaltenden Nordwestwinden ist die Ostseite der Wohlenberger Mole eines der wenigen Gebiete, das auf Grund der geschützten Lage angenehme Sichtweiten bietet – die im Jahresgang bei 4 bis 12 Meter liegen.

**Flora und Fauna**

Die Stahlspundwand ist ein hervorragendes Hartsubstrat und daher flächendeckend bewachsen. Oben haften Seepocken, Tange, Moostierchen und diverse Polypen, weiter unten finden Sie eine typische Miesmuschelbank mit kleinen Rottangen. Man muß genau hinsehen und für Fotos mit Makrooptik ausgerüstet sein, um die zahlreichen, im Muschelfeld perfekt getarnten Tiere zu entdecken und zu fotografieren. Es gibt viele Seenadeln, Stichlinge, Schwimmgrundeln, Butterfische, Strandkrabben und dicke Seeskorpione. Am Fuß der Mole leben Aale, Aalmuttern, Schwarzgrundeln und junge Dorsche. Rund um den Molenkopf beobachtet man im Winter sehr große Dorsche, im Frühling Heringe und zur Zeit der Kirschblüte die Hornhechte. Beim Nachttauchen sehen Sie noch viel mehr Fische, Krabben und Garnelen. Fotografen müssen relativ schnell weiterziehen, denn im Lichtkegel des Pilotlichtes zwischen Kamera und Fotoobjekt versammeln sich in kurzer Zeit Massen von ein bis zwei Zentimeter großen Schwebegarnelen. Diese Tierchen anzublitzen verdirbt jedes Bild.

**Sicherheitshinweis**

Von Zeit zu Zeit legen doch noch Boote an der Wohlenberger Mole an, die auch als Nothafen dient. Achten Sie auf Schraubengeräusche. Sprechen Sie, insbesondere vor Nachttauchgängen, mit den Bootsführern.

*Die nachtaktiven Aale verstecken sich tagsüber in ihren Höhlen und wagen sich erst bei Dunkelheit aus ihren Verstecken.*

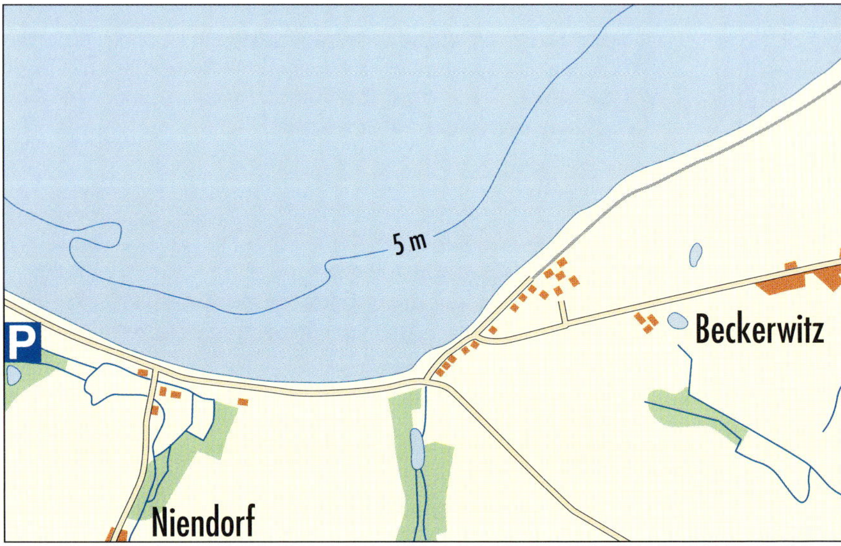


*Wenn Sie in Beckerwitz der Ausschilderung Zeltplatz folgen, kommen Sie an einen Parkplatz. Sie gehen vom Strand des Zeltplatzes aus ins Wasser.*

**Tauchgebiet**

# *Seegraswiesen vor Beckerwitz*

**Anfahrt**

Auf der B 105 / E 22 fahren Sie westwärts aus Wismar heraus. In Gägelow abbiegen nach Proseken, dann bis Gramkow fahren, hier rechts ab nach Beckerwitz. In Beckerwitz der Ausschilderung zum Zeltplatz folgen. Am Zeltplatz gibt es einen gebührenpflichtigen Parkplatz.

**Einstieg**

Sie steigen vom Sandstrand des Zeltplatzes aus ein. Der Weg ist weit, ehe man auch nur eine zum Schwimmen geeignete Tiefe erreicht.

Im Lebensraum Seegraswiese können Sie mit guter Sicht, aber nur 2 bis 4 Metern Tiefe rechnen.

**Flora und Fauna**

Nach dem mühsamen Überqueren sandiger Barren, die alljährlich nach den Frühjahrsstürmen anders verlaufen, erreichen sie ausgedehnte Seegraswiesen mit einer vielfältigen Klein-

*Diese Flunder fühlt sich völlig unbeobachtet und „parkt" entspannt im Seegrasdschungel.*

tierwelt. Vor allem beim Nachttauchen sind zahlreiche Aalmuttern und Plattfische aus der Nähe zu betrachten.
Die interessanteste Zeit an diesem Tauchplatz ist das zeitige Frühjahr. Etwa von Ende März bis Mitte Mai laichen die Seehasen oder Lumpfische im Seegras. Nur selten sieht man die blau-grauen Weibchen und die prächtig orange-roten Männchen bei der Befruchtung des Geleges. Die Männchen bewachen die Gelege in kleinen Mulden jedoch noch drei bis vier Wochen lang, wobei sie fürsorglich Frischwasser über die Eier fächeln und jeden Störenfried angreifen. Der Biß eines Seehasen in den vorgestreckten Handschuh ist jedoch völlig harmlos. Nähern Sie sich einem erkannten Seehasennest vorsichtig, und Sie werden wunderbare Erlebnisse haben und schöne Fotos machen können.

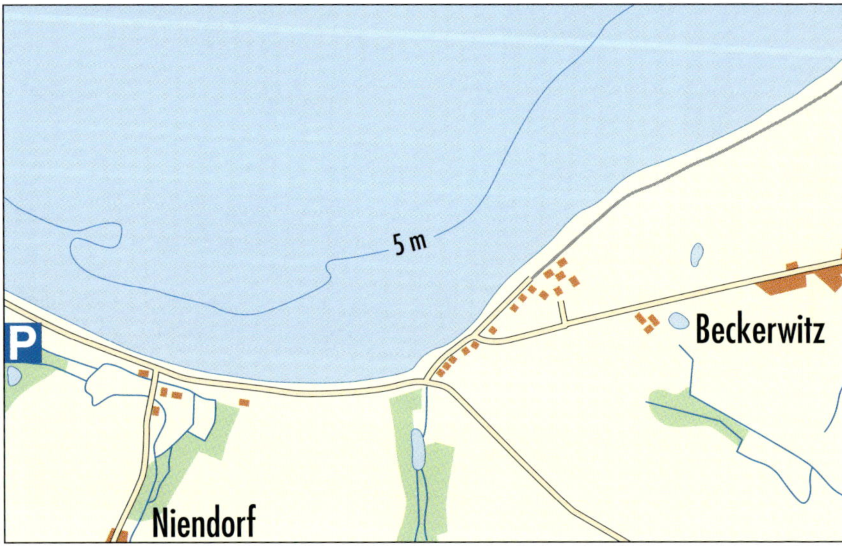


*Wenn Sie in Beckerwitz der Ausschilderung Zeltplatz folgen, kommen sie an einen Parkplatz. Sie steigen vom Strand de Zeltplatzes ins Wasser.*

**Tauchgebiet**

# *Wohlenberger Wiek – Zentraler Teil*

**Anfahrt**

Auf der B 105 / E 22 fahren Sie westwärts aus Wismar heraus. In Gägelow abbiegen nach Proseken, dann bis Gramkow fahren, hier rechts ab nach Beckerwitz. In Beckerwitz der Ausschilderung zum Zeltplatz folgen. Am Zeltplatz gibt es einen gebührenpflichtigen Parkplatz.

**Einstieg**

Im Grunde können Sie überall an der Wohlenberger Wiek einsteigen, um in den zentralen Teil der Bucht zu schwimmen. Viele Taucher unternehmen diese Tour selbständig und führen zur Sicherheit ein Schlauchboot mit, denn die Entfernung zum Ufer kann 2 bis 3 Kilometer betragen.

**Tiefe**

Im zentralen Teil der Wohlenberger Wiek existieren ausgedehnte Flächen von neun Meter Tiefe.

*Die gallertartigen Schlauchseescheiden haben einen durchsichtigen Mantel. Sie werden bis zu zehn Zentimeter lang.*

**Bootsfahrten**

Sie können diesen Tauchplatz bequem mit dem Motorschlauchboot der Regenbogen Tauchbasis Boltenhagen aufsuchen.

**Flora und Fauna**

Bei neun Meter Tiefe gibt es meist nur noch spärliche Seegrasvorkommen, aber gut von Grundfischen besuchte Muschelbänke. Die meisten Taucher suchen diesen weit vom Ufer entfernten Tauchplatz auf, um sich an der Pracht der Seescheiden oder Tunikaten zu erfreuen. Die intensiv gefärbten Hohltiere haben hier, von Jahr zu Jahr verschieden, weite Flächen des Grundes besiedelt.

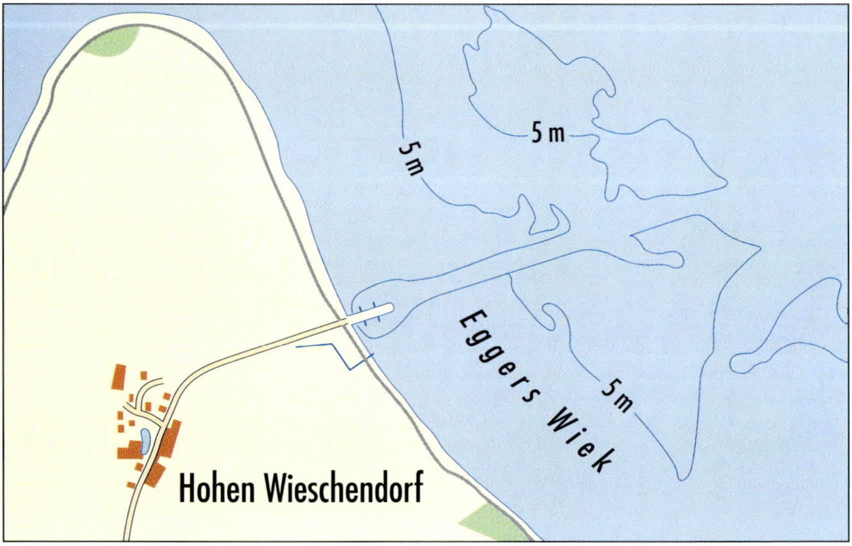


*Stellen Sie Ihr Auto auf dem gebührenpflichtigen Parkplatz am Hohenwieschendorfer Anleger ab. Dann ist das Wasser nur noch 80 m entfernt.*

**Tauchgebiet**

# *Eggers Wiek / Hohenwieschendorfer Mole*

**Anfahrt**
Von Wismar B 105 / E 22 fahren Sie bis Gägelow, über Proseken, Gramkow, Beckerwitz nach Hohenwieschendorf. Anschließend durchfahren Sie den Ort und finden leicht zum gebührenpflichtigen Parkplatz am Hohenwieschendorfer Anleger.

**Einstieg**
Vom Parkplatz sind es nur etwa 80 Meter zum Wasser, beginnen Sie den Tauchgang rechts der Mole.

**Tiefe**
Rund um den alten Anleger ist auf 6 Meter Tiefe ausgebaggert, abseits der Mole werden 8 bis 9 Meter Tiefe erreicht.

**Flora und Fauna**
Wegen der nicht weit entfernten Hafeneinfahrt nach Wismar beobachten Sie hier weniger Seegras und Tange, dafür jedoch

*Im Paradies der Strandkrabben läuft man seitlich oder vergräbt sich im Sand. An der Vorderseite ihres Panzers haben die Krustentiere beidseitig fünf Zähne.*

massive Muschelbänke in mehreren Schichten. Auf Nachttauchgängen werden Ihnen zahlreiche große Krabben und sogar Regenbogenforellen begegnen. Diese wurden früher in Netzkäfigen bei der Insel Walfisch gezüchtet und sind offenbar in großen Stückzahlen entkommen.

**Sicherheitshinweis**

Nur selten machen Boote an der Hohenwieschendorfer Mole fest. Achten Sie aber auf Schraubengeräusche. Sprechen Sie mit den Bootsführern, wenn doch Schiffe im Hafen liegen.

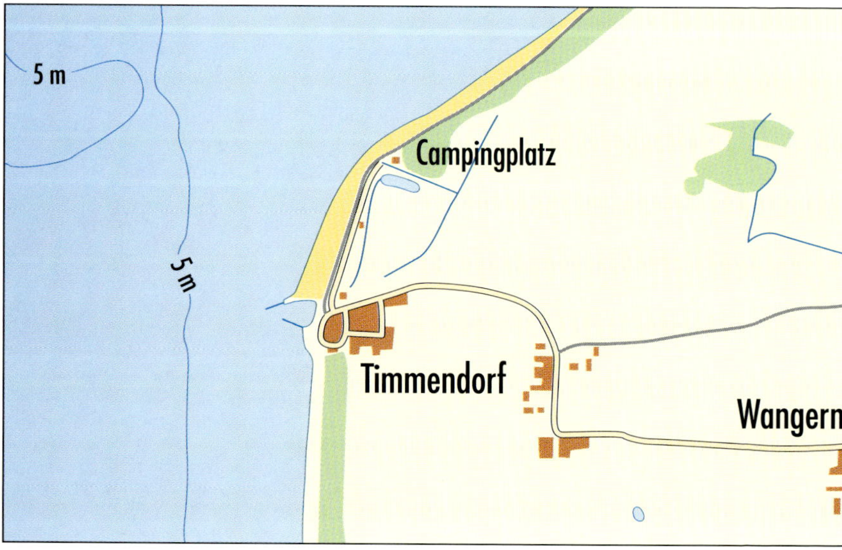


*Ganz in der Nähe des Hafens von Timmendorf finden Sie große gebührenpflichtige Parkplätze. 300 Meter draußen liegt ein Wrack.*

**Tauchgebiet**

# *Timmendorf – Insel Poel*

**Anfahrt**

In Wismar folgen Sie der Beschilderung Insel Poel und fahren über Redentin, Fährdorf, Kirchdorf nach Timmendorf. In der Nähe des Hafens Timmendorf gibt es gebührenpflichtige Parkplätze.

**Einstieg**

Unterwegs liegt westlich vor Redentin das gut erhaltene Wrack eines Betonschiffes auf flachen Grund. Stahlbetonschiffe wurden probeweise gebaut, nachdem im Zweiten Weltkrieg der Stahl immer wertvoller wurde.

Im Umfeld des Wracks ist es nur ein bis drei Meter tief, so daß ein Ausflug dorthin nur eine abenteuerliche Schnorcheltour werden kann.

Vom Ortsrand Redentin, oberhalb des Anlegers für Sportboote, ist das Wrack bereits zu sehen. Bis zum Einstieg sind es etwa 300 Meter.

*Zum Wrack des Betonschiffes vor Redentin begibt man sich am besten ohne Preßluftflasche. Die Tiefe von 1,5 bis 3 Meter ist ideal zum Schnorcheln.*

**Tip**

Timmendorf hat den Charakter eines kleinen Seebades mit Hafenpromenade, Einkaufsgäßchen und sandigen Badestränden. Taucheinstiege sind hier wohl mehr in der Vor- und Nachsaison denkbar. Interessante Regionen liegen unmittelbar vor dem Hafen und links davon. Fußweg vom Parkplatz zum Hafen etwa 300 Meter.

**Tiefe**

Vor dem Hafen werden 6 Meter, etwa 400 bis 500 Meter vom Strand entfernt 9 Meter Wassertiefe erreicht. Die Sicht ist extrem windabhängig.

**Flora und Fauna**

Links vom Hafen sehen Sie ein von tiefen Erosionsrinnen durchfurchtes Steilufer. Auf Sand liegen zahlreiche Steine, die aus dem Wasser ragen. Unter Wasser nimmt die Zahl der Steine immer mehr ab, Sandboden mit wenigen Tangbüscheln und Miesmuschelstellen überwiegen. Im Meersalat halten sich viele kleine Fische auf. Das Tauchgebiet vor Timmendorf ist insbesondere zum Beobachten von Nord- und Ostseegarnelen geeignet, deren Fang von den Poelern einst professionell im großen Stil betrieben wurde. Auf Grund des nach Osten hin abnehmenden Salzgehaltes der Ostsee werden besonders Nordseegarnelen nach Osten hin immer seltener.

**Sicherheitshinweis**

Vorsicht, vor Timmendorf herrscht reger Sportbootverkehr, eventuell Boje mitführen.

*Seehasen laichen von Februar bis Mai. Die angriffslustigen Männchen verteidigen ihre Nester selbst gegen Taucher.*

**Tauchgebiet**

# Südlich der Untiefe Hannibal

**Anfahrt**

In Wismar folgen Sie der Beschilderung Insel Poel und fahren über Redentin, Fährdorf, Kirchdorf nach Timmendorf. In der Nähe des Hafens Timmendorf gibt es gebührenpflichtige Parkplätze.

**Bootsfahrten**

In Timmendorf oder Poel versuchen Sie einen Fischkutter oder ein anderes größeres Boot zu chartern. Dem Skipper sollte das Krakentief ein Begriff sein. Die richtigen Stellen sind nur per Echolot auffindbar.

**Tiefe**

Etwa parallel zur Nordwestküste von Poel zieht sich das bis zu 18 Meter tiefe „Große Tief" hin. Das „Flaggtief" nordwestlich von Timmendorf ist etwa 8 Meter tief.
Ab dem etwa 15 Meter tiefen „Krakentief" verläuft das Grabensystem etwa in Nord-Süd-Richtung auf die Hohenwieschendorfer Huk zu. Diese Kette tiefer Stellen und

*Steil senkt sich der Grund bis ins „Krakentief“ ab. Es ist Teil eines Grabensystems, das auf die Hohenwieschendorfer Huk zuläuft.*

Gräben leitet salzreiches Tiefenwasser aus der Mecklenburger Bucht in die Wohlenberger Wiek.

**Flora und Fauna**

Ausgedehnte Muschelbänke und Tangwiesen säumen die Steilabfälle des tiefen Grabensystems. Die eigentliche Attraktion sind die zahlreichen Blumentiere, insbesondere Dickhörnige Seerosen und Seenelken. Hohltiere haben in diesem Teil der Ostsee mit seinem relativ geringen Salzgehalt Seltenheitswert. Natürlich ist das Grabensystem auch sehr fischreich.

**Sicherheitshinweis**

Außerdem dient dieses Grabensystem in einem so flachen Seegebiet als Fahrwasser. Beachten Sie bei Tauchunternehmungen die Fahrwasserbetonnung. Setzen Sie auf dem Schiff oder Boot eine Taucherflagge.

# *Adressen für Taucher I*

**Service**

Veit Barta betreibt die Regenbogen Tauchschule Boltenhagen ganztägig. Hier gibt es einen Laden mit Füllstation. In der kalten Jahreszeit werden Taucher nach Absprache betreut. Es werden Leihausrüstungen und Flaschen angeboten. Veit Barta bildet nach DIWA aus, begleitet Tauchgänge und hat bei Sturm auch Süßwassertauchtips für das Hinterland bereit.

**Bootsfahrten**

Kleine Tauchausfahrten rund um die Tarnewitzer Huk unternimmt Veit Barta mit seinem Motorschlauchboot. Wenn sich Taucherguppen einen ganzen Tag auf See mit zwei Tauchgängen wünschen, ist auch das möglich. Dann chartert Veit einen Fischkutter, denn er hat beste Beziehungen zu den Fischern. Per Kutter liegt der Fahrtbereich etwa zwischen Timmendorf und Brook.

**Unterkunft**

Im Regenbogencamp Boltenhagen gibt es Zeltplätze, Caravanstellplätze und wunderschöne skandinavische Holzhäuser zu mieten. Das alles wenige Meter von der Tauchbasis entfernt.

**Adresse**

Veit Barta
Regenbogen Tauchschule Boltenhagen
Im Regenbogencamp
Tarnewitzer Chaussee
23946 Ostseebad Boltenhagen
Tel.: 038 825 – 422 33 und 422 22
Fax: 038 825 – 422 25
Mobil: 0173 – 411 40 42

**Unterkunft**

Selbstverständlich finden Sie im Ostseebad Boltenhagen Übernachtungsmöglichkeiten aller Preiskategorien und auch ein vielfältiges Sport- und Kulturangebot. Auskünfte über die Kurverwaltung Ostseebad Boltenhagen:
Tel.: 038 825 – 360 0
Fax: 038 825 – 360-30

# Von Rerik bis Markgrafenheide

Die in diesem Abschnitt weniger stark gegliederte Küste läßt ebenfalls den Einstrom von salzreichem Nordseewasser noch ohne weiteres zu. Dennoch sind stark salzabhängige marine Organismen wie etwa Seescheiden oder Klippenbarsche hier kaum noch zu sehen, und man verzeichnet küstennah eine Zunahme von Süßwasserarten.

Die magische Grenze liegt in diesem Ostseebereich oftmals an der Neun-Meter-Tiefenlinie. Darunter werden ausgedehnte Seesternfelder, bisweilen Seenelken und all die farbenprächtigen marinen Fische vom Butterfisch bis zur Goldmaid gesichtet.

*Je nach Windrichtung und Wetterlage können am Weststrand von Kühlungsborn hohe Wellen auflaufen.*

Obwohl die langen Sandstrände der Region zunächst eine ebenso gleichförmige Unterwasserwelt vermuten lassen, entdecken Taucher hier neben Wracks auch interessante geologische Erscheinungen. Dazu zählen die in Form von Miniaturgebirgen am Meeresgrund anstehenden Mergelbänke und die mystischen Torfschichten der von der Ostsee überfluteten ehemaligen Strandseen ebenso wie aus nordischen Findlingen modellierte Riffe.

*Beim Tauchen sieht man immer wieder hellgraue bis weiße Mergelrippen (Minigebirge), die aus dem Sandboden herausragen.*

**Tauchgebiet**

# *Kühlungsborn und Meschendorf*

**Anfahrt**

Auf der B 105 / E 22 zwischen Wismar und Rostock fahren Sie bis Kröpelin, von hier aus über Landstraßen zum Ostseebad Kühlungsborn. Dort folgen Sie der Ausschilderung zum Campingplatz Kühlungsborn-West. Auf dem Campingplatz, etwa 80 Meter vom Meer, finden Sie die Tauchbasis Baltic.

**Einstieg**

Selbstverständlich kann man auch vom Zeltplatz aus für nächtliche Fischbeobachtungen einfach ins Meer hinaus laufen. Aber die interessanten Tauchplätze liegen so weit draußen beziehungsweise an der Küste zwischen Kühlungsborn und Rerik-Meschendorf verstreut, daß Bootsausfahrten zu empfehlen sind. Mit den Motorbooten der Basis Baltic erreichen Sie leicht ganz verschiedene Tauchplätze.

*Dieser farbenprächtige Butterfisch versucht sich im Rottang zu verbergen, was ihm diesmal nicht gelungen ist.*

**Tiefe**

Vor Kühlungsborn können schnell 12 bis 15 Meter Tiefe erreicht werden, man findet kleinräumig auch noch tiefere Regionen. Die Sicht hält sich selbst bei westlichen Winden noch bei 3 bis 4 Metern, beträgt im Normalfall 6 bis 10 Meter und steigt im Winter auf atemberaubende 30 Meter an.

**Flora und Fauna**

Eine winzige Markierungsboje steht über dem Wrack eines 12 Meter langen Kajütseglers aus Stahl, der in etwa 14 Meter Tiefe ruht. Durch die gedrungene Stahlbauweise wirkt das Wrack dunkel und bedrohlich, beinahe wie ein Schnellbootrumpf. Durch diverse Luken kann man ins Innere des Bootes sehen und Stichlinge, Dorsche und Aalmuttern beobachten. Meist ist das Wrack völlig von Seesternen bedeckt, die in dieser Region etwa ab 9 Meter Tiefe leben. Der anfängliche Wracktauchgang wird meistens Kurs Süd in Richtung tangbedeckter, fischreicher Steinfelder verlängert. Vor Kühlungsborn und Rerik-Meschendorf gibt es Regionen, in denen markante hellgraue bis weiße Mergelrippen weit aus dem Sandboden herausragen und mannshohe regelrechte

*Ostseescholle in freier Wildbahn. Schollen können sich mit Flundern paaren und Bastarde bilden.*

kleine Gebirgszüge bilden. Diese geologischen Formationen in 5 bis 7 Meter Tiefe modellieren Täler, Miniaturbergkämme und kleine Höhlen. In diesem Gebiet kann man nur mit Hilfe eines Bootes tauchen. Selbst der Sandboden birgt immer wieder Überraschungen, indem nach Stürmen neue Wrackteile, vom U-Boot-Rest bis zum Großsegler-Ruderblatt, freigespült werden und bald wieder verschwunden sind.

**Strandseen**

Im Hinterland der Ostsee gab es immer sogenannte Strandseen, vom Meer abgeschnittene moorige Senken mit dichten Schichten Torf, wie er aus dem ständigen Wachstum des Torfmooses entsteht.

Mit dem Anstieg des Ostseewassers sind derartige Strandseen überflutet worden, und wir finden heute Torfmoosbänke am Meeresgrund. Über einen Meter hoch können solche Torfpolster sein, die – im Profil gesehen – mystische Überhänge bilden. Die Struktur von Wurzeln, Zweigen und Torfmoospflänzchen ist noch gut erkennbar.

*Seesterne kommen in der Ostsee häufig in großen Individuenzahlen vor. Bei Kühlungsborn und Meschendorf leben sie jenseits der 10-Meter-Tiefenlinie.*

**Militär-anlagen**

Zwischen Kühlungsborn und Rerik-Meschendorf entstanden im Laufe der Jahrzehnte verschiedene Militäranlagen, zum Beispiel eine Torpedoversuchsstation, Flakbatterien, ein Schießplatz des Volkssturms und zuletzt das Ausbildungsgelände der DDR-Kampfschwimmer. Im Flachwasser sind diverse Trümmer und Spundwände betauchbar, immer wieder werden leere Kartuschen verschiedenster Kaliber gefunden.

**Sicherheits-hinweis**

Falls Sie einen munitionsähnlichen Gegenstand nicht mit Sicherheit als leere Kartusche erkennen, gilt: Nicht berühren! Über die örtliche Tauchbasis kann der Munitionsbergungsdienst verständigt werden.

*Zwei Kilometer nördlich von Wittenbeck existiert nahe der Gleise der Bäderschmalspurbahn „Molli“ ein teils schattiger Parkplatz.*

**Tauchgebiet** *Wittenbeck*

**Anfahrt**

Über die B 105 / E 22 zwischen Rostock und Wismar fahren Sie bis Kröpelin und anschließend über Landstraßen weiter bis nach Wittenbeck. Etwa zwei Kilometer nördlich des Ortes existiert ein großer gebührenpflichtiger Parkplatz, nahe beim Gleis der Bäderschmalspurbahn „Molli”. Je nach Tageszeit Ihres Eintreffens finden Sie unter Bäumen einen schattigen Parkplatz, was sehr angenehm sein kann.

**Einstieg**

Abhängig vom Autostellplatz sind 50 bis 150 Meter zu laufen, ehe Sie über eine kleine Treppe zum Sandstrand hinuntersteigen können.
Am Strand können Sie Boote ausleihen. Das ist bei Wellenhöhen um 0,5 bis 0,7 Meter sinnvoll, weil dann unmittelbar vorm Ufer schon schlechte Sicht durch aufgewirbelten Sand herrscht.

*Fototermin mit einem Seeskorpion in der Algenzone. Am Vorderkiemendeckel befinden sich zwei Stacheln.*

**Tiefe**

Vor Wittenbeck werden etwa 6 bis 8 Meter Tiefe erreicht, nach dem Passieren von flachen Sandbarren herrscht weiter draußen meist gute Horizontalsicht von 4 bis 8 Meter.

**Flora und Fauna**

Muschelbedeckte Steinschüttungen in Ufernähe sind Unterschlupf für Aalmuttern, Aale, Graue Knurrhähne und Seeskorpione. Nachdem die erste Sandbarre mit manchmal nur knietiefem Wasser passiert ist, erreichen Sie ein angenehmes Tauchgebiet mit auf dem Sand verteilten Findlingen. Hier wird man nicht mehr sehr vom Wellengang tangiert und kann entspannt Grundfische, Krabben und Garnelen beobachten. In dieser Region werden schon mehr Barsche und Plötzen beobachtet als weiter westlich, was auf den nach Osten hin abnehmenden Salzgehalt der Ostsee hindeutet.

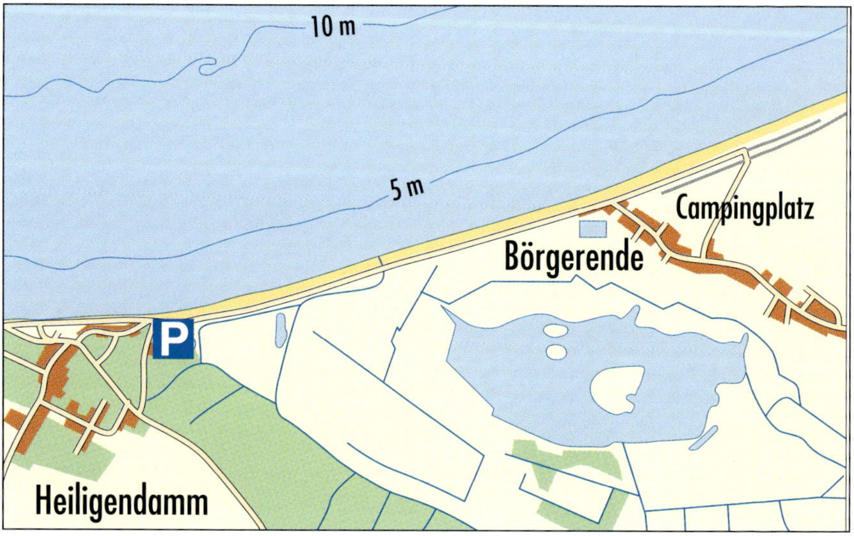


*In der Nähe des Kurhauses von Heiligendamm finden Sie große gebührenpflichtige Parkplätze. Über die Deichübergänge erreichen Sie die Ostsee.*

**Tauchgebiet**

# *Heiligendamm und Börgerende*

**Anfahrt**

Von der B 105 / E 22 in Bad Doberan fahren Sie ab in Richtung Heiligendamm, am östlichen Ortsausgang des Seebades biegt man ein in die Seedeichstraße. Diese ist gleichzeitig die Einfahrt zum dortigen Campingplatz. Östlich des Kurhauses gibt es große gebührenpflichtige Parkplätze.

**Einstieg**

Vom Parkplatz sind es etwa 80 Meter bis zur Ostsee, wobei Sie unbedingt die offiziellen Deichübergänge in der Strandmauer benutzen sollten. Etwa 350 Meter weiter westlich befindet sich eine als Tauchgebiet interessante Seebrücke.

**Tiefe**

Strandnah sind nur 2 bis 3 Meter Tiefe erreichbar, erst 400 Meter vor dem Strand wird der Tauchcomputer maximal 7 Meter ausweisen.

*Heiligendamm ist ein alter Seebadeort. Im Hintergrund erkennt man die Seebrücke, unter der man tolle Nachttauchgänge unternehmen kann.*

**Flora und Fauna**

Der Meeresboden ist relativ steinig und bietet daher verschiedenen farbenprächtigen Tangen einen guten Untergrund. In diesem Revier finden Sie dann auch zahlreiche Seenadeln, Stichlinge und Grundeln. Für Nachttauchgänge ist das Revier unter der Seebrücke besonders empfehlenswert, weil sich die Fische unter Seebrücken immer besonders geborgen fühlen und meist verschiedene Plattfische, Aale und Sandaale aus nächster Nähe zu sehen sind. Ein sehr ähnliches Revier entdecken Sie auch vor dem Campingplatz Börgerende. Vor Börgerende befinden sich außerdem ausgedehnte Steinfelder und mannshohe Mergelbänke.

**Sicherheitshinweis**

Falls Sie an der Seebrücke tauchen wollen, muß auf Boots- und Schiffsverkehr geachtet werden. Darüber hinaus muß die Ostsee still und fast spiegelglatt sein, weil es am Vorderende der Seebrücke maximal drei Meter tief ist.

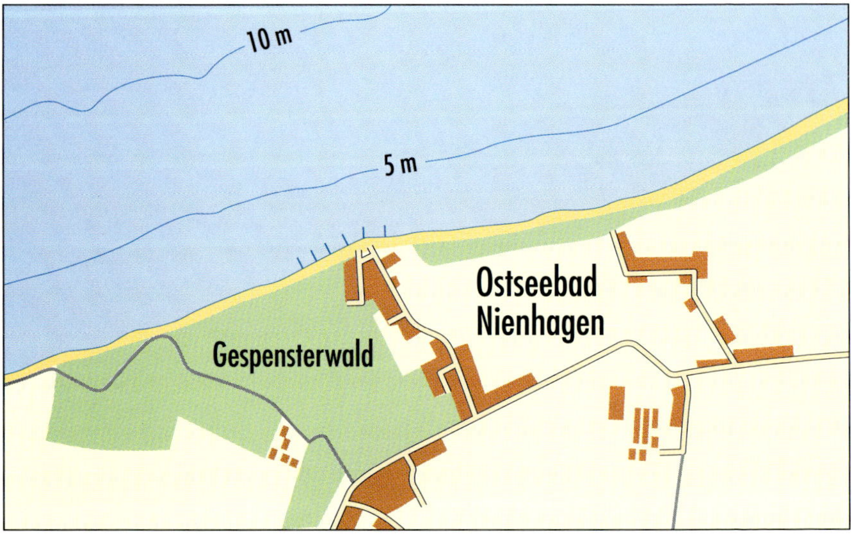


*Von Nienhagen aus fahren Sie zum Strandparkplatz am Gespensterwald. Danach sind es noch 100 bis 250 Meter (über Treppen) zum Wasser.*

**Tauchgebiet** *Nienhagen*

**Anfahrt**
Von der B 105 / E 22 fahren Sie in Bad Doberan Richtung Nienhagen ab. In Nienhagen biegen Sie ab zum Strandparkplatz am Gespensterwald; in der Nähe des Surfshops Nienhagen.

**Einstieg**
Hier erreichen Sie die Fluten der Ostsee nur über mehrere steile Treppen am und neben dem Badestrand Nienhagen. Es sind je nach Autostellplatz 100 bis 250 Meter zum Wasser. Schauen Sie sich die Entfernungen und vor allem die Treppen an, ehe Sie den Tauchanzug anlegen.

**Tiefe**
Vor Nienhagen wird es rasch 9 bis 10 Meter tief. Die Sicht liegt meist bei 6 bis 10 Metern.

**Flora und Fauna**
Bereits die Holzbuhnenreihen vor Nienhagen sind attraktiv bewachsen. Hier sieht man Tange, Muscheln, Garnelen, und

*Bis zu den Buhnen vor Nienhagen ist ein besonders weiter Gepäckmarsch notwendig. Hier empfiehlt sich ein Rollwagen für die Tauchsachen.*

am unteren Buhnenende kleine Grundfische in Mengen. Im Tauchgebiet vor dem bizarren Gespensterwald entdecken Sie ausgedehnte Steinfelder, die Heimstatt für Aale, Aalmuttern und Seeskorpione sind. Hier fühlt sich auch der Steinpicker heimisch. Besonders auffällig ist, daß in den kleinen Tangen vor Nienhagen alle drei Stichlingsarten leben: der Neunstachlige oder Kleine Stichling, der Dreistachlige Stichling und der Seestichling.

**Tip**

Etwa zwei Kilometer nördlich von Nienhagen befinden sich große Schwimmer mit dicken Seilen und schweren Betonankergewichten in der Ostsee. Versunkene Seile und Gestänge bieten ebenso wie die Betonquader das bei den Ostseetieren so sehr begehrte Hartsubstrat. Ein ideales Terrain für Fischfotografen, aber nur per Boot erreichbar! Manchmal werden sogar noch ein oder zwei Netzbecken für die Hälterung von Regenbogenforellen genutzt. Außerdem wurde hier draußen im Fischereischutzgebiet ein künstliches Riff aus

*Der mit Kreide beladene Segler ist reich mit Seenelken bewachsen. Das Wrack ragt bis zu drei Meter hoch über den Ostseegrund auf.*

Betonteilen geschaffen, über dem weithin sichtbar der Meßmast der Wissenschaftler steht.

**Wrack**

Etwa 300 Meter draußen vor dem Strand von Nienhagen befindet sich ein historisches Holzwrack. Allerdings deuten hier nur noch einige aus dem Meeresboden ragende Spanten den Umriß eines Schiffskörpers an, in der Nähe liegt ein großer Stockanker. Dieses gute Stück sollte schon einmal bei Nacht und Nebel geborgen werden, aber Dank aufmerksamer Sporttaucher blieb der Anker dem Tauchplatz erhalten. Wer einen Blick für die langausgezogene, muschelbesetzte Stegankerkette hat, wird daran entlang zum Wrack geleitet. Vor Nienhagen finden wir nicht nur historische Schiffe, hier werden auch allerhand moderne Souvenirs der Seefahrt von der naheliegenden Schiffahrtslinie nach Rostock angespült.

**Sicherheitshinweis**

Beobachten Sie genau, ob die Wellen schräg durch die Buhnen schlagen. Das Wasser läuft dann durch die Holzbuhnenreihen

*Vor Markgrafenheide findet man ausgedehnte Sandlandschaften. Diesem Lebensraum sind die Flundern bestens angepaßt.*

wie durch einen Kamm ab. Auf der Brandungsseite entsteht ein Sog, der Sie sehr unsanft an die gerammten Stämme heranreißen könnte.

*Um die Seenadeln in den Miesmuschelbänken sehen zu können, braucht man etwas Geduld und ein gutes Auge.*

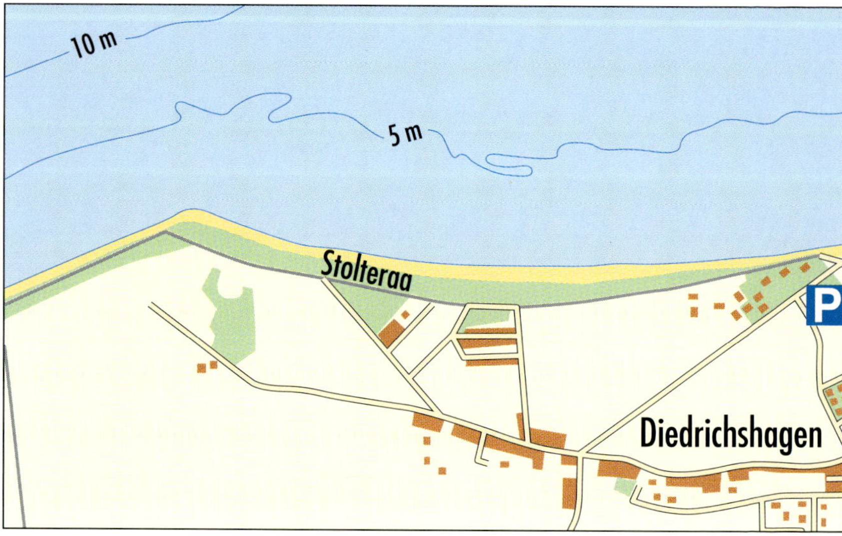


*Beim Naturschutzgebiet Stolteraa nahe Diedrichshagen sollten Sie Ihren Wagen seewärts gesehen links abstellen.*

**Tauchgebiet** *Stolteraa*

**Anfahrt**

Von der B 105 / E 22 fährt man in Bad Doberan ab und über Nienhagen und Elmenhorst weiter nach Diedrichshagen. Hier biegen Sie nach links in den Stolteraaweg ein zum Parkplatz in der Nähe des Naturschutzgebietes Stolteraa. Auf dem großen gebührenpflichtigen Parkplatz sollten Sie sich eine Position – seewärts gesehen – links suchen, wodurch der Weg zum Wasser kürzer wird.

**Einstieg**

Durch einen wunderbaren Buchenhochwald führen viele Wege zum Meer. Es gibt mehr als zehn offizielle Treppen, die Sie zum Überqueren des Steilabfalls am Stolteraa-Kliff benutzen können.

**Tiefe**

Etwa 200 Meter vor dem Ufer erreichen Sie maximal 4 bis 5 Meter Tiefe, wo eine vorgelagerte Sandbank noch einmal hinauf auf nur 2 Meter Tiefe führt. Weiter draußen ist es 8 bis 12

*Vom Kliff Stolteraa aus kann man Warnemünde sehen. Unter Wasser kann man hier unter anderem die Reste eines Fluzeugwracks betauchen.*

Meter tief. Wer nicht so weit hinausschwimmen will, findet direkt vor dem Restaurant „Wilhelmshöhe" schöne Steinfelder.

**Flora und Fauna**

Der Lebensraum Sandboden ist vor dem Kliff Stolteraa besonders ausgeprägt. Wir beobachten Große und Kleine Sandaale, Steinbutte, Flundern, Schollen und mitunter Kliesschen. Es ist interessant zu sehen, wie die Fische über dem Sandboden eine perfekte Tarnung erreichen. Steinbutte sind nahezu vollständig sandfarbig gefärbt, andere Plattfische bedecken sich partiell mit Sand, um sich optisch aufzulösen.

**Flugzeugwrack**

Vor Stolteraa liegen in 6 Meter Tiefe die Reste eines Flugzeuges, die man jedoch nur mit Hilfe einheimischer Tauchführer findet.

*Besonders nachts kann man vor Boltenhagen viele große Dorsche beobachten. Man erkennt sie gut an den drei Rückenflossen und dem kräftigen Bartfaden.*

**Tauchgebiet**

# *Markgrafenheide*

**Anfahrt**

Über die Autobahn A 19 Berlin-Rostock fährt man bis zur Anschlußstelle Rostock-Ost, dann auf der B 105 / E 22 bis Gelbensande. Dort rechts abbiegen und auf Landstraßen über Hinrichshagen nach Markgrafenheide weiterfahren.

**Einstieg**

Es ist zweifelhaft, ob es zu den ostseetypischen „Sandrippeln bis zum Horizont" noch eine Steigerungsform gibt. Vermutlich ja, denn vor Markgrafenheide herrscht der pure Sandboden ohne jedes interessante Detail. Tauchen vom Ufer aus ist wenig sinnvoll, unternehmen Sie eine Bootsausfahrt mit der einheimischen Basis.

**Flugzeug-wrack**

Vor Markgrafenheide ist ein britischer Avro-Lancaster-Bomber abgestürzt, dessen Reste in rund 10 Meter Tiefe ruhen. Der Wracktauchplatz wird mit dem schnellen Bombard-Schlauchboot der Tauchbasis in wenigen Minuten erreicht.

*Wrackteile eines solchen britischen Bombenflugzeuges (Avro Lancaster), produziert von 1942 bis 1946, liegen vor Markgrafenheide.*

Am Meeresboden finden wir Teile von Tragflächen, Rumpfreste und Kleinteile. Die größten Überbleibsel des Bombers sind Fahrwerkteile mit Rädern. Die Flugzeugreste sind längst bewachsen und Heimstatt zahlreicher Grundfische geworden. Der erste Eindruck ist oft enttäuschend, ehe man alle Trümmer gesehen hat, die auf vielleicht 60 x 60 Meter Fläche verstreut liegen. Ein für Ostseeverhältnisse auf jeden Fall sehenswerter Tauchplatz!

**Flora und Fauna**

Etwa eine Viertelstunde Bootsfahrt entfernt kann die Tauchbasis Muschelfelder offerieren, die man jedoch eher als Seesternfelder bezeichnen könnte. Dicht bei dicht kämpfen hier Seesterne um Futter, zwischen ihnen leben Seeskorpione, Butterfische und Aale. Diese Region liegt etwa 15 Meter tief.

**Sicherheitshinweis**

Der feine Sandstrand vor Markgrafenheide erfreut die Badegäste, führt jedoch bei Strömung zur gefürchteten Sanddrift. Falls Ihr Lungenautomat Schwierigkeiten macht, gleich auf der Basis die Zweite Stufe demontieren und vom Sand reinigen lassen.

*Wiligrad am Schweriner See bei steifer Brise. Bei Starkwind ist dieses Süßwassertauchgebiet der Ostsee vorzuziehen.*

**Tauchgebiet**

# *Schweriner See*

Falls Wind und Sturm geplante Tauchgänge in der Küstenregion zwischen Lübeck und Rostock verhindern, kann man binnen ein bis zwei Autostunden am Schweriner See sein. Dort warten interessante Süßwassertauchgänge auf Sie.

**Anfahrt**

Von der Küste aus erreichen Sie den Schweriner See über die Bundesstraße 106 oder über die Bundesstraßen 105, 192 und zuletzt 104. Sofern Sie die Tips und den Service von Tauchbasen wünschen, sollten Sie entweder die Poseidon-Tauchbasis auf dem Campingplatz Raben Steinfeld (am Südende des Schweriner Sees) oder das Taucherhotel „Zum Rethberg" in Lübstorf aufsuchen.

**Einstieg**

Im Schweriner See können Sie vor den Orten Schloß Wiligrad, Lübstorf, Raben Steinfeld, Görslow und Retgendorf leicht vom Ufer aus tauchen.

*Im Schweriner See liegen zahllose kleine Wracks, die entdeckt werden wollen. Nahe der Insel Ziegelwerder liegt auch ein großer Lastensegler auf Grund.*

**Tiefe**

Der in die beiden großen Seebecken Innensee und Außensee unterteilte Schweriner See ist im Außenbereich maximal 62 Meter tief. Im Innensee vor Görslow sind 42 Meter zu erreichen. Die Sichtweiten schwanken im Jahresgang zwischen zwei und zehn Metern. Auch wenn zur Sommerszeit im warmen Oberflächenwasser die Algenblüte herrscht, kann es unter der Sprungschicht wunderbar klar sein.

**Flora und Fauna**

In vielen Seeregionen finden wir eine Schilfzone mit vorgelagerten Tausendblättern, Hahnenfußgewächsen und Laichkräutern. Dort liegt das Revier von Hechten, Schleien und einer Vielzahl von Weißfischen. Die tiefen Regionen des Sees werden von kapitalen Bleien, Zandern und Aalen bewohnt. Wegen des Fischreichtums ist Nachttauchen attraktiv.

**Wrack**

In der Nähe der Insel Ziegelwerder liegt in 19 Meter Tiefe ein nahezu komplett erhaltener Lastensegler aus Holz. Mast, Ankerspill, Kajüte, Steuerruder und viele andere Details sind

*Der Schweriner See ist so groß, daß ein Tauchboot für viele Ziele sehr hilfreich ist. Andy Lohse weiß, wo er seine Kunden über Bord schicken muß.*

zu bewundern. Im Wrack leben Aalrutten. Der Wrackliegeplatz kann nur per Bootsausfahrt mit der Basis Raben-Steinfeld erreicht werden. In der Bucht vor der Basis liegen mehrere kleine Wracks, unter anderem ein schönes historisches Fischerboot in 17 Meter Tiefe. Vor Raben-Steinfeld kann man eine Reuse besichtigen und wunderschöne Rotfedernschwärme treffen.

*Im Schweriner See begegnet man oft großen Zandern. Gut, wenn man dann seinen Fotoapparat griffbereit hat.*

# *Adressen für Taucher II*

**Service**

Frank Diestel betreibt seine Tauchbasis Baltic bereits seit vielen Jahren und kennt alle guten Tauchplätze. Bei ihm kann man ganztägig Flaschen füllen, aber auch Banane fahren oder Wasserski laufen. In Kooperation mit dem Wassersportcenter Schulz wird auch Segeln und Surfen angeboten.

Mit drei verschiedenen Booten fährt Frank Diestel zu seinen Tauchplätzen, etwa dem Kajütseglerwrack, den Torfbänken oder Mergelrippen.
Tauchausbildung nach SSI und CMAS.

**Adresse**

Frank Diestel
Tauchbasis Baltic
18225 Ostseebad Kühlungsborn
Am Riedenwald
Basis: Tel.: 038293 – 140 26 oder
Tel. + Fax: 038 292 – 782 94
Mobil: 0172 – 391 38 64

Die ausgeschilderte Einfahrt zur Tauchbasis liegt zwischen dem Campingpark „Am Riedenwald" und dem „Schloß am Meer" in Kühlungsborn West.

**Unterkunft**

Kurverwaltung Ostseebad Kühlungsborn
Tel. 038 293 – 849 0 oder 849 20

**Service**

Christian Wendt und Werner Hortig führen die Tauchbasis in Rerik-Meschendorf. Hier werden Leihausrüstungen, Leihflaschen, Tauchausfahrten und sogar Tauchanzüge für Kinder angeboten.

**Adresse**

Tauchbasis Ostseecamp „Seeblick"
18230 Rerik-Meschendorf
Tel.: 038 296 – 784 80
Fax: 038 296 – 784 78
Infos / Buchungen: Aquanautic Berlin
Kaufhof-Sportarena
Tel.: 030 – 2424 260

*Schollen sind auf Sand- und Kiesboden gut getarnt. Ihre Augen tragen sie meistens auf der rechten Seite. Selten sieht man auch linksäugige Exemplare.*

**Service**

Ulrich Floß und das Team vom Tauchdcpot Rostock bieten Ausbildung, Leihausrüstungen und eine Füllstation an. Der Standort liegt im Stadtgebiet Rostock. Ab 20 Taucher können auch Wracktouren rund Rügen organisiert werden.

**Adresse**

Tauchdepot Rostock
Hannes-Meyer-Platz 30
18146 Rostock-Dierkow
Tel.: 0381 – 690 441
Fax: 0381 – 690 440

**Adresse**

Unterwasserservice Dreiucker
Am Strande 7
18055 Rostock
Tel. + Fax: 0381 – 490 2076
Mobil: 0172 – 389 01 49

**Service** Die Tauchbasis Markgrafenheide ist nur an Sommerwochenenden geöffnet. Hier bekommt man Luft und Leihflaschen.

Mit einem großen Bombard-Schlauchboot werden Tauchausfahrten zum Lancaster-Bomber oder zu den Seesternfeldern veranstaltet. Bei stabilem Wetter sind Ganztagestouren hinüber zum Darß und zum Sandtrans-Wrack möglich.

**Adresse** STC See- und Tauchcenter GmbH
Budentannenweg 10
18146 Markgrafenheide
Tel.: 0381 – 668 613
oder 0381 – 669 968

**Service** Andreas Lohse betreibt einen Tauchsportladen in Schwerin und eine Süßwassertauchbasis auf dem Campingplatz von Raben-Steinfeld. Hier gibt es Luft, Leihausrüstungen, Ausbildungsangebote und Tauchen von Land aus.

Per Motorschlauchboot werden das Lastenseglerwrack und andere interessante Punkte des Schweriner Sees angesteuert.

**Adresse** Poseidon – Wassersporthaus
Andreas Lohse
Buchenweg 19
19055 Schwerin
Tel.: 0385 – 512 138
Tauchbasis Raben-Steinfeld
Tel.: 0172 – 560 8904
Campingplatz Raben-Steinfeld
Tel.: 03860 – 312

**Service** Uwe Conrad betreibt in Lübstorf am Schweriner See ein gemütliches Landhotel für Taucher. Der Chef taucht selbst und führt seine Tauchgäste zu geeigneten Tauchplätzen. Das Hotel bietet Trockenräume, Füllstation sowie Schulungs- und Konferenzräume. Ausbildung wird in Kooperation mit dem Tauchdepot Andreas Munsch angeboten.

*Die Ostseewellen sind deutlich kleiner als die der Nordsee. Aber bei stärkeren Winden kann auch hier eine ausgedehnte Weißwasserzone entstehen.*

**Adresse**

Hotel „Zum Rethberg"
Uwe Conrad & Sigrid Niemann
Feldweg 1
19069 Lübstorf
Tel.: 03867 – 61 110
Fax: 03867 – 611 145

**Service**

Andreas Munsch bietet Tauchausbildung und begleitete Tauchgänge im Schweriner See an. Er führt einen Tauchladen mit Füllstation und hat Leihflaschen.

**Adresse**

Tauchdepot GmbH
Andreas Munsch
Am Güstrower Tor 1a
19055 Schwerin
Tel.: 0385 – 550 74 29
Fax: 0385 – 550 74 29

# Fischland – Darß – Zingst

Die Tauchplätze rund um diese bizarre Halbinselkette sind von weiten Sandflächen geprägt. Hier kann man Lebewesen aus den Tiefen der Sandbänke und geschickt getarnte Plattfische beobachten. Mehr als in anderen Regionen konzentriert sich das sichtbare Leben auf wenige Hartböden wie Steinfelder, Wrackreste und Seebrücken.
In Orten wie Dierhagen, Wustrow, Prerow und Barth lebten bis um die Jahrhundertwende die Segelschiffkapitäne der in Rostock und Barth beheimateten Handelssegler. Nicht nur die alten Reetdachhäuser am Ufer, auch die dicht gelegenen Holzschiff-

*Idyllische Reetdachhäuser am Prerower Strom.*

wracks sind Überbleibsel einer längst vergangenen Zeit. Allerdings hat der vorherrschende West- bis Nordwestwind selten komplett erhaltene Schiffsrümpfe zurückgelassen. Phantasie und historische Kenntnisse der Taucher sind gefragt, um die gefundenen Kielbalken, Steven oder Spanten dem richtigen Schiffstyp zuzuordnen.
Für die weiter östlich liegenden Tauchplätze ist die hier beginnende und nach Schweden hin verlaufende Darßer Schwelle von großer Bedeutung. Dieser unterseeische Höhenzug liegt nur 13 bis 18 Meter tief und unterteilt die Ostsee in einen salzigeren Westteil und einen ausgesüßteren Ostteil. Das salzreiche schwere Tiefenwasser kann sich nur am Grund entlang nach Osten ausbreiten. Das bedeutet: Östlich vom Darß wird frisches Salzwasser nur wirksam, wenn die westliche Ostsee bis auf Höhe der Darßer Schwelle mit Salzwasser angefüllt ist und ein Überströmen der Schwelle einsetzt.

*Im Hinterland des Ortes Ahrenshoop, gegenüber der Buchhandlung „Bunte Stube“, liegt ein für Taucher günstiger Parkplatz.*

**Tauchgebiet**

# *Ahrenshoop*

**Anfahrt**

Über die A 19 Berlin-Rostock fahren Sie bis zur Anschlußstelle Rostock-Ost, auf der B 105 / E 22 Rostock-Ribnitz-Damgarten weiter bis Gelbensande. Hier biegen Sie links ab Richtung Darß/Fischland und fahren über Dierhagen und Wustrow bis Ahrenshoop. In Ahrenshoop steuern Sie den Parkplatz an, der im Hinterland des Ortes gegenüber der Buchhandlung „Bunte Stube” und des Kunstkatens liegt.

**Einstieg**

Am Parkplatz fast fertig ausgerüstet, überqueren Sie die Hauptstraße und den Dünenübergang, ehe Sie die Ostsee von der Höhe der Düne überblicken.

**Wrack**

Vor dem Dünenübergang am Kunstkaten sehen Sie Holzbuhnenreihen. An der zweiten Buhnenreihe links vom Dünenübergang tauchen Sie 40 bis 50 Meter über das Ende

*In nur vier Meter Tiefe liegt ein stark versandetes, 30 Meter langes Holzschiffwrack vor Ahrenshoop, das „Rostocker Schmack“.*

der Buhnenreihe hinaus. Wenn Sie gut Kurs halten, finden Sie hier das Wrack eines historischen Holzsegelschiffes, das bereits weit eingesandet ist. Dennoch ist anhand der fast lückenlos vorhandenen Spanten der komplette Umriß des Schiffes zu erahnen. Im Inneren des Schiffes liegen Mastreste oder Rahen, achtern ist das mit Kupferbeschlägen zusammengehaltene Steuerruder zu erkennen. Und das alles in einer Tiefe von höchstens vier Meter.

An alle Holzteile genagelte farbige Kunststoffmarken zeigen, daß die Teile dieses Schiffes bereits von Unterwasserarchäologen vermessen und fotografiert wurden. Das alte Schiff wurde als die „Rostocker Schmack“, ein aktenkundiger wuchtiger Lastensegler, identifiziert. An eine Bergung ist wohl nicht gedacht, obwohl die Pfahlbohrmuschel auch dieses Wrack zerstört. Denn dieses Schiff ist der einzige interessante Punkt vor dem Badestrand, der sonst nur reinsten Ostsseesand bietet. Je nach Sanddrift herrschen hier etwa ein bis acht Meter Sicht.

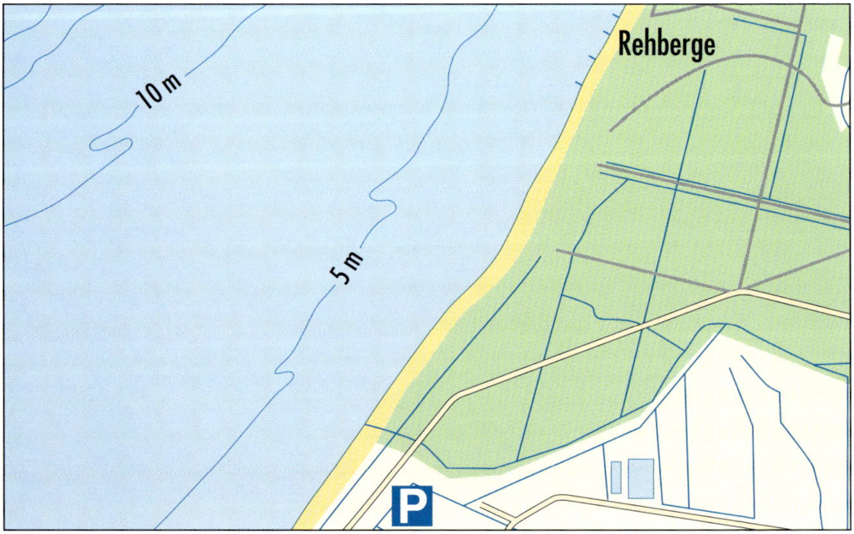


*Nördöstlich von Ahrenshoop liegt zwischen Wiesen und Dünen ein weiterer Parkplatz, der sich für Tauchgangsvorbereitungen eignet.*

**Tauchgebiet** *Am Ahrenshooper Holz*

**Anfahrt**

Über die A 19 Berlin-Rostock fahren Sie bis zur Anschlußstelle Rostock-Ost, auf der B 105 / E 22 Rostock-Ribnitz-Damgarten weiter bis Gelbensande. Hier biegen Sie links ab Richtung Darß/Fischland und fahren über Dierhagen und Wustrow bis Ahrenshoop. Wenn Sie Ahrenshoop Richtung Nordost verlassen haben, entdecken Sie rechts der Straße einen großen Parkplatz zwischen Wiesen und Dünen.

**Einstieg**

Vom Parkplatz aus laufen Sie über den ausgeschilderten Dünenübergang etwa 80 bis 100 Meter zum Meer.

**Tiefe**

Im relativ flachen und sandigen Seegebiet vor dem Darß sind vom Ufer aus kaum mehr als 7 Meter Tiefe zu erreichen.

**Flora und Fauna**

Nach dem Überwinden zweier flacher Sandbarren befindet man sich schon mindestens 400 bis 500 Meter vom Ufer entfernt, ehe interessante Steinfelder am Meeresgrund beginnen. Bizarre Rotalgen und die Felsen-Zweigfadenalge schmücken die nach draußen größer werdenden Findlinge. Diese Größenstaffelung der Steine scheint natürlich, denn nur die leichtesten Findlinge werden immer weiter ins Flachwasser befördert. Im Seegebiet beobachten Sie zahlreiche Plattfische, Aalmuttern, Seeskorpione, Aale und Jungdorsche, manchmal auch Seestichlinge.

**Wrack**

Nördlich des beschriebenen Steinfeldes etwa drei Kilometer vor der Küste ruht in 14 Meter Tiefe das Wrack eines Saugbaggers, der 1978 sank. Das Wrack liegt kieloben. Schon in sechs Meter Tiefe gelangt man zu den beiden gewaltigen Schrauben. Infolge der in den Meeresgrund gerammten Aufbauten liegt der Schiffsrumpf zum Teil hohl da, so daß man auf halber Höhe unter dem Wrack interessante technische Einzelheiten betrachten kann.
Außerdem verbergen sich bei Tageslicht große Dorsche im Wrack. Besonders im Frühjahr wohnen zahlreiche, vermutlich laichbereite Seehasen im Umfeld und im Wrack selbst, beispielsweise in den Ankerklüsen. Das Schiff ist etwa 50 Meter lang. Der Wrackliegeplatz ist mit einer Tonne markiert, kann aber dennoch nur mit dem Boot erreicht werden. Position: 54° 24. 49‘ N, 12° 24. 50‘ E.

*Prächtige Seehasen bewohnen die Ankerklüsen des Sandtrans-Wracks.*

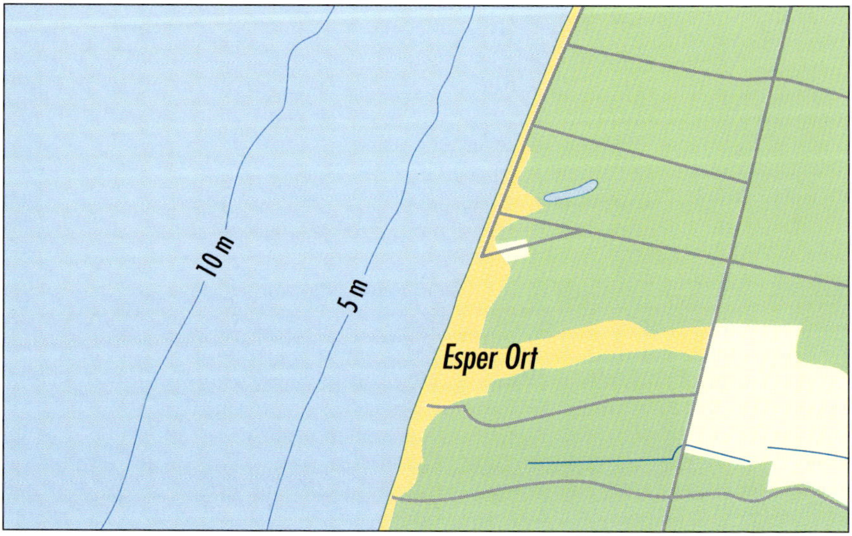


*Relativ weit vom Wasser entfernt müssen Sie in Prerow parken. Von dort aus kommen Sie zu Fuß, mit dem Fahrrad oder mit dem Pferdewagen zum Wasser.*

**Tauchgebiet**

# Weststrand / Darßer Ort

**Anfahrt**

Über die A 19 Berlin-Rostock fahren Sie bis zur Anschlußstelle Rostock-Ost, auf der B 105 / E 22 Rostock-Ribnitz-Damgarten weiter bis Gelbensande. Hier biegen Sie links ab Richtung Darß/Fischland und fahren über Wustrow und Ahrenshoop bis Prerow.

**Einstieg**

Es gibt keine Möglichkeit, den Prerower Weststrand südlich des „Natureums Darßer Ort" mit dem Auto zu erreichen. Das gesamte Gebiet liegt im „Nationalpark Vorpommersche Boddenlandschaft". Man kann es nur wandernd oder mit dem Fahrrad erkunden. In Prerow finden Sie sogar Anbieter, die Gerätetaucher mit dem Pferdewagen transportieren, was für Tauchergruppen ein außergewöhnlicher Spaß sein dürfte.

**Flora und Fauna**

Eine herbe Sandbodenlandschaft erstreckt sich auf dem Ostseegrund vor dem Weststrand und Darßer Ort.

*Verschiedene Tangarten können sich nur auf Hartboden unterhalb der Niedrigwasserlinie anheften.*

Schwemmhölzer und tangbewachsene Steine bieten Abwechslung, vor allem sind Plattfische und kleine Grundfische zu sehen.

**Wracks**

Vor den Badestellen, beispielsweise an Esper Ort, liegen mehrere hölzerne Schiffswracks. Aufgrund der geringen Tiefen von drei bis fünf Meter sind die Schiffsrümpfe längst zerstört. Nur aus dem Sand ragende Steven, Spanten oder gar noch erkennbare Stein-Ballastladung markieren die letzte Ruhestätte der Holzsegelschiffe.
Weit draußen vor Darßer Ort liegt ein mit Kohle beladener Schoner auf dem Ostseegrund. Von diesem Wrack ist noch relativ viel zu sehen. Leider ist es von Jahr zu Jahr verschieden hoch versandet. Durch die wetterexponierte Lage vor dem Kap kann man dort nur selten tauchen. Das Schonerwrack in zehn Meter Tiefe ist nur mit Hilfe der Tauchbasis Zingst zu erreichen.

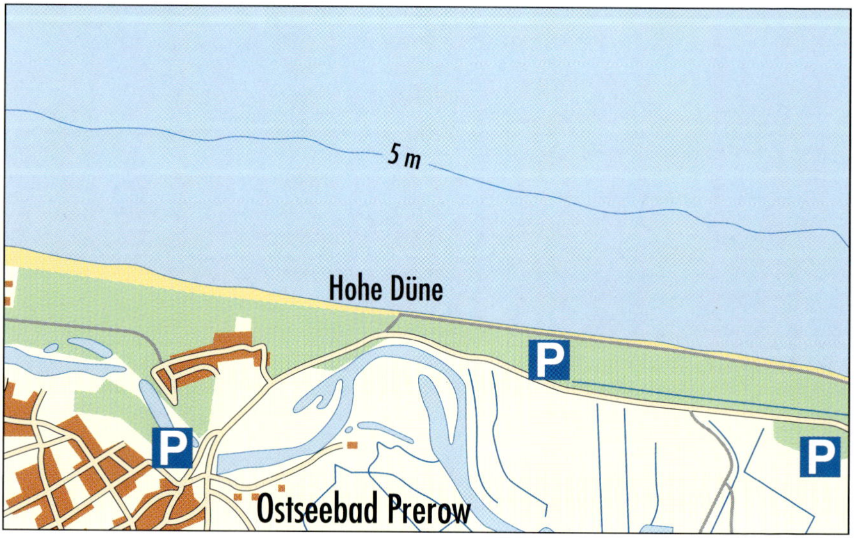


*Fahren Sie nordöstlich aus Prerow heraus, so daß Sie links die Hohe Düne sehen. Dann kommen Sie zu einem gebührenpflichtigen Parkplatz.*

**Tauchgebiet**

# *Prerow – Hohe Düne*

**Anfahrt**

Über die A 19 Berlin-Rostock fahren Sie bis zur Anschlußstelle Rostock-Ost und auf der B 105 / E 22 Rostock-Ribnitz-Damgarten bis Gelbensande. Hier biegen Sie links ab Richtung Darß/Fischland und fahren über Wustrow und Ahrenshoop bis Prerow. Nachdem Sie Prerow durchquert haben, sehen Sie rechts den Prerower Strom und links der Straße die Hohe Düne.

**Einstieg**

In akzeptabler Entfernung finden Sie gebührenpflichtige Parkplätze und können die tatsächlich ungewöhnlich hohe und steile Düne auf den markierten Wegen überqueren.

**Tiefe**

Wenn Sie Richtung Norden tauchen und mehrere sandige Barren passiert haben, beträgt die Tauchtiefe acht Meter.

**Flora und Fauna**

Etwa 800 Meter vor der Küste befindet sich das wuchtige Steinfundament einer alten Pegelanzeige. Obwohl die Stürme

*Romantik pur: Im Sommer kann man über der Hohen Düne einen atemberaubenden Abendhimmel erleben.*

das Bauwerk schon sehr zerzaust und Steine verstreut haben, leben hier immer noch mehr Fische als über dem unbewachsenen Sandboden. In dieser Gegend verlaufen mehrere Muschelbänke parallel zum Nordstrand.
Sobald Sie einmal den langweilig wirkenden Sand wegwedeln, kommt im Untergrund vielfältiges Leben zum Vorschein: Sandklaffmuscheln, Baltische Plattmuscheln, Herzmuscheln, Meeresringelwürmer, Muschelkrebsen und andere bizarre Tiere. Nachttauchen ist hier empfehlenswert, denn bei Dunkelheit sind auch ufernahe Sandflächen Schauplatz der Aktivitäten von Krabben, Grundeln, Schollen, Aalmuttern und Dorschen. Infolge der nach Osten zunehmenden Aussüßung der Ostsee fallen hier große Barsche und Schwärme von Plötzen auf.

**Sicherheitshinweis**

Nicht selten wird man beim Nachttauchen von dichtem Nebel überrascht, und der gleichmäßig flach abfallende Grund bietet kaum Orientierungspunkte. Deshalb unbedingt einen Kompaß mitnehmen, um auf Südkurs „nach Hause" zu finden!

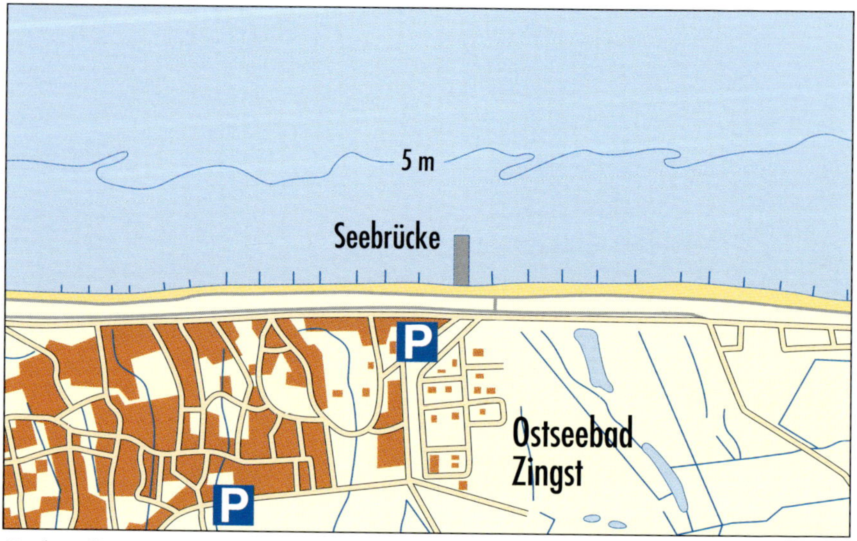


*Parken Sie in Zingst nahe der neuen Seebrücke. Bis zum Wasser sind es dann nur noch 80 bis 100 Meter. Links von der Seebrücke ist der Einstieg.*

**Tauchgebiet** *Zingst*

**Anfahrt**

Über die A 19 Berlin-Rostock fahren Sie bis zur Anschlußstelle Rostock-Ost und auf der B 105 / E 22 Rostock-Ribnitz-Damgarten bis Gelbensande. Hier biegen Sie links ab Richtung Darß/Fischland und fahren über Ahrenshoop und Prerow bis nach Zingst.

**Einstieg**

Im Zentrum des Ostseebades Zingst parken Sie in der Nähe der neu errichteten Seebrücke Zingst. Mit etwas Glück sind es nur 80 bis 100 Meter zum Wasser. Steigen Sie links neben der Seebrücke ein. Geben Sie acht auf die Holzbuhnenpfähle!

**Tiefe**

Unter den vorderen Plattformen der Seebrücke beträgt die maximale Tiefe etwa sechs Meter, im Umfeld acht Meter.

**Flora und Fauna**

Die dicken Stützpfeiler der Seebrücke sind phantastisch bewachsen. Unter anderem kann man hier Seepocken, ver-

*Gespenstisch ragen Holzgerippe aus dem Sand. Jahrhundertealte Wracks ruhen in den Tiefen vor Zingst.*

schiedene Muscheln, Hydroidpolypen und Tange beim Tauchen beobachten.

**Sicherheitshinweis**

An Seebrücken ist das Tauchen meist verboten, wird aber bei zurückhaltendem Vorgehen toleriert. Beschränken Sie sich auf Nachttauchgänge.

**Wracks**

Im Seegebiet vor Prerow und Zingst liegen mehrere Holzwracks, deren Gerippe etwa zwei Meter aus dem Sand ragen. Vom Ufer aus sind Tauchgänge zu solchen Wrackplätzen sehr anstrengend und dauern 90 bis 100 Minuten. Die Positionen sind nur mit einem Guide der Tauchschule Zingst zu finden. Nördlich von Zingst liegt weit draußen bei etwa 14 bis 19 Meter Wassertiefe ein 139 Meter langer Tanker auf Grund. Die Aufbauten des Tankers wurden heruntergesprengt, auch der Rumpf ist weitgehend zerstört und ragt nur teilweise vier Meter in die Höhe. Auch dieses Wrack ist nur mit einer organisierten Ausfahrt des Tauchclubs Zingst zugänglich.

*Ein Sandaal unter der Zingster Seebrücke. Die schlanken Fische tauchen blitzschnell in den Sandgrund ein.*

# *Adressen für Taucher III*

**Service**

Der Tauchclub Zingst bietet eine Füllstation, Leihflaschen und begleitete Tauchgänge an.

**Bootsfahrten**

Im Sommer werden (ab 6 Gästen) auch Tauchausfahrten rund um den Darß und bis vor Hiddensee angeboten. Topziele sind das „Sandtrans"-Wrack vor Ahrenshoop, aber auch die biologisch interessanten Steinfelder vor Hiddensee.

**Adresse**

Tauchclub „Flotte Flunder" Zingst
Herr Christian Prohn
Tel.: 038234 – 30067
und Herr Andreas „Andrusch" Bauer
Tel.: 038232 – 15576

Fremdenverkehrsverband Fischland Darß Zingst e.V.
Tel.: 038 324 - 6400, Fax: 038 324 - 640 34

# Rund um Rügen

Rügen galt schon zur Zeit Caspar David Friedrichs als eine der reichsten Inseln von ganz Europa. Womit ausdrücklich die Pracht der wunderbaren Landschaften gemeint war. Schinkel, Bettina von Arnim, die Humboldt-Brüder und viele weitere Geistesgrößen besuchten Rügen und lobten die Sehenswürdigkeiten zu Lande.
Auch für Taucher ist Rügen das Gebiet der größtmöglichen Vielfalt. Die Unterwasserlandschaft bietet Canyons zwischen Kalkfelsen, Steinfelder auf Sand, haushohe Einzelfindlinge und das berühmte Kreideriff. Selbstverständlich mangelt es

*Die Kreidefelsen von Stubbenkammer (rechts) und eine hölzerne Swantevit-Figur (oben) auf Kap Arkona sind Rügens bekannteste Schaustücke.*

auch nicht an Wracks aus früheren Jahrhunderten und der Neuzeit. Obwohl vor Rügen der Salzgehalt meist „nur" 7 bis 8 Promille beträgt, lassen sich insbesondere vor den nördlichen Küsten zahlreiche Seefische beobachten. Bodden und Buchten hingegen sind das Revier riesiger Brackwasserhechte, im Frühling aber auch Laichplätze der Heringe.

*Fahren Sie im Norden von Rügen nach Dranske. Am westlichen Ortsrand liegt ein Caravan-Stellplatz, der auch für Taucher geeignet ist.*

**Tauchgebiet**

# Dranske / Rügen

**Anfahrt**

Von Stralsund fahren Sie über den Rügendamm auf die Insel Rügen, dann über Samtens, Bergen, Sagard, Glowe und Breege auf den nördlichsten Inselteil „Wittow". Von Breege fahren Sie weiter über Altenkirchen nach Dranske.

**Einstieg**

Am westlichen Ortsrand von Dranske befindet sich ein Caravan-Stellplatz. Entweder Sie werden Gäste dieser Anlage, oder Sie parken rechts des Caravanplatzes und steigen zwischen dem Grünen Grund und Rehbergort ins Wasser.

**Tiefe**

Vor Dranske erreicht man rasch acht bis zwölf Meter Tiefe.

**Flora und Fauna**

Unter Wasser entdecken Sie zahlreiche Findlinge und Steinwälle. Bei ruhiger See sollten Sie auch einen Blick auf den Bewuchs der Buhnen vor dem Caravanplatz werfen. Lohnend ist vor allem das Nachttauchen: Das Tauchgebiet

*Am Tauchspot vor dem Caravanplatz Dranske sollen die vorgelagerten Buhnen die Sandabtragung verhindern.*

Dranske ist bekannt dafür, daß im Hochsommer große Dorsche und Steinbutte dicht unter Land auf Nahrungssuche sind.

**Flugzeugwrack**

Vor Rehbergort liegen in drei bis vier Meter Tiefe die Reste eines Flugzeugrumpfes, einige Meter entfernt davon auch ein Triebwerk. Dieses Tauchziel ist nur mit Hilfe einheimischer Guides zu finden.

**Tip**

Wenn in der Saison beim Caravanplatz Dranske zu viel los ist, finden Sie an der schmalen halsartigen Zufahrt zum Bug zwei weitere Badestellen mit Parkplätzen. Der Bug selbst ist Sperrgebiet.

**Sicherheitshinweis**

Tauchen Sie aufmerksam! Vor allem in Tiefen über zehn Meter gerät man leicht in eine Strömung, die das Tauchgebiet Dranske streift und nördlich von Hiddensee vorbeizieht. Dann sollten Sie ein Stück aufsteigen und auf Kurs zur Küste gehen. Dazu ist ein Kompaß unbedingt nötig!

*Bei Kreptitz auf Rügen muß man seine Ausrüstung 200 bis 400 Meter weit schleppen. Vor den Uferschranken können Sie parken.*

**Tauchgebiet**

# *Kreptitz / Rügen*

**Anfahrt**

Auf der Insel Rügen fahren Sie über Samtens, Bergen, Glowe und Altenkirchen Richtung Dranske, dann weiter über Lancken nach Kreptitz. Die Uferregion ist durch Schranken abgesperrt, vor denen Sie parken können. Die Zufahrt zum malerischen Hochufer vor Kreptitz mit seinen Windflüchtern ist gesperrt. Denn erstens handelt es sich um ein Naturschutzgebiet, und zweitens sind die Rechte diverser Pächter von Niederwild-Jagdgebieten zu beachten. Das ist auf Rügen kein Widerspruch!

**Einstieg**

Wägen Sie selbst ab: Die Tauchausrüstung ist an mehreren in Frage kommenden Stellen etwa 200 bis 400 Meter zum Meer zu tragen. Planen Sie eventuell einen für Sandwege breit bereiften Caddy ein. Die wunderschöne Küstenlandschaft des Hochufers lädt zum Spazierengehen und Verweilen ein.

*In den Gräben vor Krepitz leben viele Seehasen. Charakteristisch für diese Lumpfisch-Art sind die Knochenhöcker-Reihen.*

**Tiefe**

Vor Kreptitz wird Ihr Tiefenmesser für Ostseeverhältnisse recht schnell zehn bis zwanzig Meter Tiefe anzeigen.

**Flora und Fauna**

Durch meist erstaunlich klares Wasser tauchen Sie über festen Sandboden dahin und sehen immer wieder einmal einen Plattfisch durchstarten. Ungefähr 300 bis 400 Meter von der Küste befinden sich zwei bis drei Meter tiefe Gräben, was für den Ostseegrund eigentlich völlig untypisch ist.
Dort verstecken sich zahlreiche Aale, Aalmuttern und Seeskorpione. Und schon befinden Sie sich über großen Kalksteinplatten und -wänden. Felsen dieser Art gibt es auf ganz Rügen nur im Unterwasserbereich vor Kreptitz. Sonst ist die Insel weitgehend von den berühmten Kreidefelsen geprägt. Hier draußen ziehen viele Grundfische umher, manchmal auch Hornhechte oder die oberflächennah schwimmenden, bandförmigen Sandaal-Schwärme. Unterwegs werden Sie immer wieder Findlinge entdecken, auf denen ein bis zwei Meter lange goldgelbe Meersaiten haften.

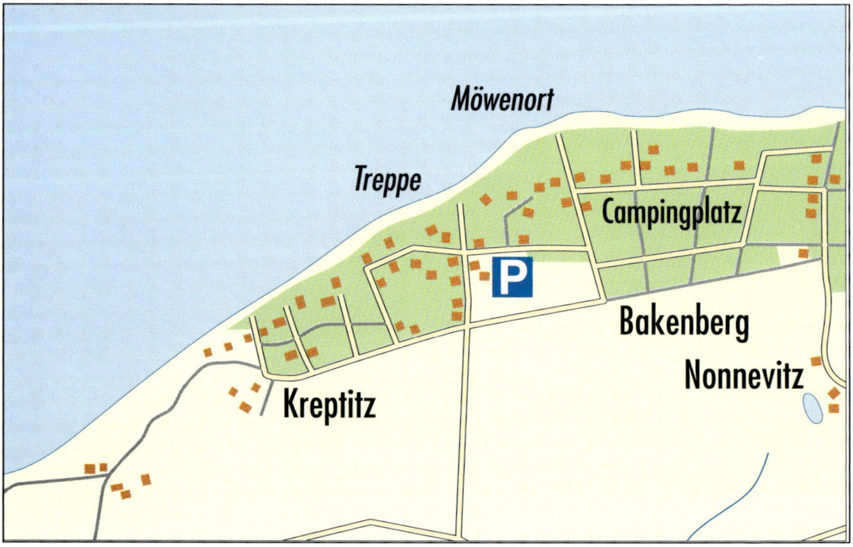


*Am Steilufer von Bakenberg befindet sich die Ferienanlage „Uns Hüsung". Hier finden Sie gebührenpflichtige Parkplätze und Ferienhütten.*

**Tauchgebiet**

# *Bakenberg / Rügen*

**Anfahrt**

Auf Rügen angekommen, fahren Sie über Samtens, Bergen und Glowe auf den Nordteil „Wittow". Über Altenkirchen, Starrvitz und Gramtitz gelangen Sie nach Bakenberg. Fast am gesamten Steilufer von Bakenberg zieht sich die Ferienanlage „Uns Hüsung" entlang, in der man gebührenpflichtige Parkplätze und Ferienhütten findet.

**Einstieg**

Nach etwa 100 bis 200 Meter Trekking über teils sehr steile Pfade abwärts zum Strand erreichen Sie die Ostsee.

**Tiefe**

In kurzer Entfernung vom Ufer beträgt die Tauchtiefe bis zu 20 Meter. Häufig herrschen am exponierten Kap „Mövenort" leichte Strömungen, und die Sicht beträgt 10 bis 15 Meter.

**Flora und Fauna**

Sandflächen und Steinfelder, muschel- und tangbewachsene große Findlinge wie auch sehr kleine Seegrasvorkommen prä-

*Durch Metamorphose wandert ein Auge der Butt-Jungfische auf die andere Körperseite, die Schwimmlage wird waagerecht, und ein schiefes Maul entsteht.*

gen die Szene. Im Flachwasser wächst stellenweise Blasentang. Der Grund wird vor Bakenberg terrassenartig tiefer. So findet man ein Plateau in sechs Meter, ein zweites in zehn Meter Tiefe. Gar nicht weit vom Ufer gibt es eine seltsame serpentinenartige Absenkung bis auf 17 Meter, als ob Naturgewalten eine Straße gezogen hätten. Große Seeskorpione, Steinbutte, Flundern, Schollen und Kliesschen ziehen in dieser Gegend ihre Runden. Im Freiwasser von Nordrügen halten sich häufig Schwarmfische wie Große Sandaale, Heringe, Makrelen oder Hornhechte auf.

Einen ähnlichen Anblick genießt man in flacherem Wasser, wenn man etwas nördlich von Nonnewitz schnorcheln geht.

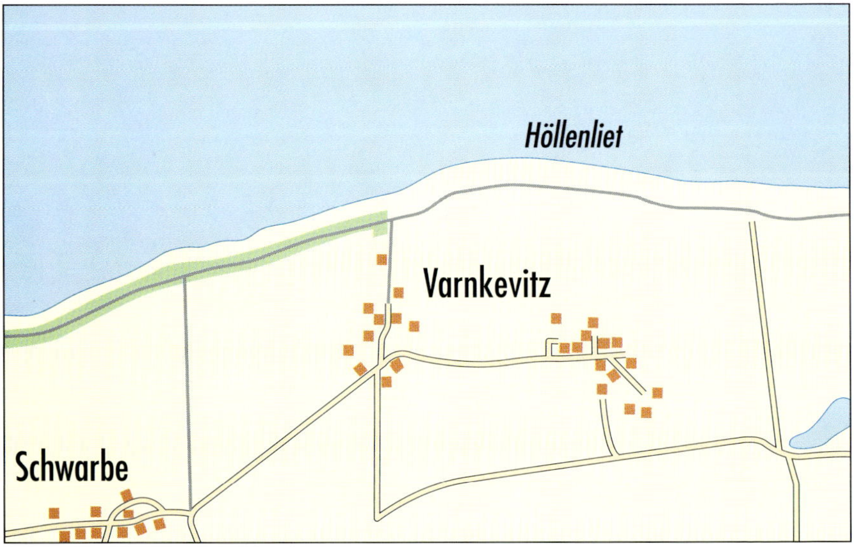


*Rechts von dem Nordhotel von Varnkevitz führt ein Fahrweg zur Ostsee. Je nach Parkplatz kann es noch bis zu 300 Meter bis zum Wasser sein.*

**Tauchgebiet**

# *Varnkevitz / Rügen*

**Anfahrt**

Auf der Insel Rügen fahren Sie über Samtens, Bergen, Glowe, Altenkirchen, Mattchow und Schwarbe nach Varnkevitz. Im Ort suchen Sie das Nordhotel auf, neben dem rechts ein Fahrweg zur Ostsee führt. Möglicherweise müssen Sie aus Naturschutzgründen etwas abseits parken und einen Ausrüstungstransport von 300 Metern in Kauf nehmen.

**Einstieg**

Der Fahrweg endet nördlich des Nordhotels am Meer. Von dort laufen Sie ein wenig nach links und finden – fast verborgen im dichten Strandwald des Hochufers – einen Pfad nach unten. In Serpentinen und kleinen Stufen führt der mit Knüppelhölzern befestigte Pfad an einen Strand aus Geröllsteinen. Ufer und Wasser sind von größeren Findlingen übersät.

**Tiefe**

Einige hundert Meter vom Ufer entfernt kann man leicht bis auf 20 Meter Tiefe tauchen.

**Flora und Fauna**

Die Nordspitze Rügens wird heftig von Strömungen umspült, die ständig frisches und sauerstoffreiches Wasser heranbringen. So finden Sie hier (außer nach Stürmen) meist phantastische Sichtweiten von sechs bis 15 Metern vor. Im Flachwasser wiegen sich Blasentangwiesen, weiter draußen liegen Findlinge auf festem Sand. Jeder einzelne Stein ist mit Meersaiten, roten, grünen und braunen Tangen und zahllosen Muscheln bewachsen und bildet jeweils eine kleine Welt für sich. Bizarre, wirbellose Tiere, Grundeln, Stichlinge, Steinpicker und Knurrhähne sind die Bewohner dieser Oasen am Meeresgrund.
Während in Ufernähe die größeren Findlinge höchstens kubikmetergroß sind, werden sie weiter draußen in nördlicher Richtung immer größer. Falls Sie sich mit einer 15-Liter-Flasche oder einem Doppelzehnergerät weit hinauswagen, werden Sie dort Findlinge von der Größe eines Einfamilienhauses entdecken. Es ist eindrucksvoll, das hier konzentrierte Leben im Sonnenlicht zu betrachten.

**Sicherheitshinweis**

Um das Nordkap von Rügen herum können jederzeit nicht vorhersehbare Strömungen auftreten. Planen Sie Ihren Luftverbrauch so, daß Sie unter Wasser zum Ufer zurückschwimmen können. Führen Sie unbedingt einen Kompaß mit!

*Wenn man etwas weiter heraus taucht, dann entdeckt man vor Varnkevitz große Findlinge.*

*Fahren Sie auf Rügen über Putgarten nach Goor. Die Tauchbasis Goor macht bis zu drei Ausfahrten täglich zum bekannten Kreidefelsen vor Arkona.*

**Tauchgebiet**

# *Arkona / Rügen*

**Anfahrt**

Auf der Insel Rügen geht es über Samtens, Bergen, Sagard, Glowe, Altenkrichen und Putgarten nach Goor.

**Einstieg**

Nach telefonischer Vereinbarung finden Sie sich auf der Tauchbasis Goor ein und werden zum Boot gefahren. Sofern es das Wetter und aktuelle Forschungsarbeiten erlauben, werden bis zu drei Ausfahrten am Tag zum berühmten Kreideriff vor Arkona veranstaltet.

**Tiefe**

In diesem Gebiet beträgt die maximale Tauchtiefe 15 Meter. Das Kreideriff liegt etwa neun bis zwölf Meter tief.

**Flora und Fauna**

Das Kreideriff war wohl einst eine gewaltige Felsplatte am Meeresgrund. Heute ist der Kreidefelsen malerisch zernagt und bietet Felszacken, Canyons, gleichmäßig breite Gassen und eigentümliche Bergkämme. Wenn Sie in die zwei bis drei Meter

*Beim Tauchen am Kreideriff in etwa drei Meter Tiefe ist der schneeweiße Felsen nur von der Seite sichtbar.*

tiefen Täler des Riffes hinabschweben, sehen Sie den schneeweißen Kreidefelsen im Profil. Auf dem Riffdach und den horizontalen Flächen weiter unten ist die weiße Kreide unter Miesmuscheln, Zuckertang und rötlichen Tangen versteckt. Das Riff ist relativ fischarm, zwischen Massen von Schwebegarnelen sieht man nur wenige Aale und Aalmuttern.

**Wrack**

Am Rande des Kreideriffes liegt das sogenannte „Arkonawrack". Ein muschelverkrusteter Kielbalken mit aufragendem Steven, ein paar Spanten und einige Kanonenkugeln sind alles, was das Meer vom Segler aus dem 16. Jahrhunderts übriggelassen hat.

**Flora und Fauna**

Unmittelbar vom Ufer am Fischerdorf Vitt aus können Sie bis zu Feldern mit etwa hüfthohen Steinen hinaustauchen. Die großen Findlinge haben sich längst in höhlenreiche Muschelbänke verwandelt. Vor allem nachts trifft man hier in Tiefen von sechs bis zehn Meter zahlreiche Dorsche, Aale, Steinbutte, Schwarz-grundeln und farbenprächtige Butterfische an.

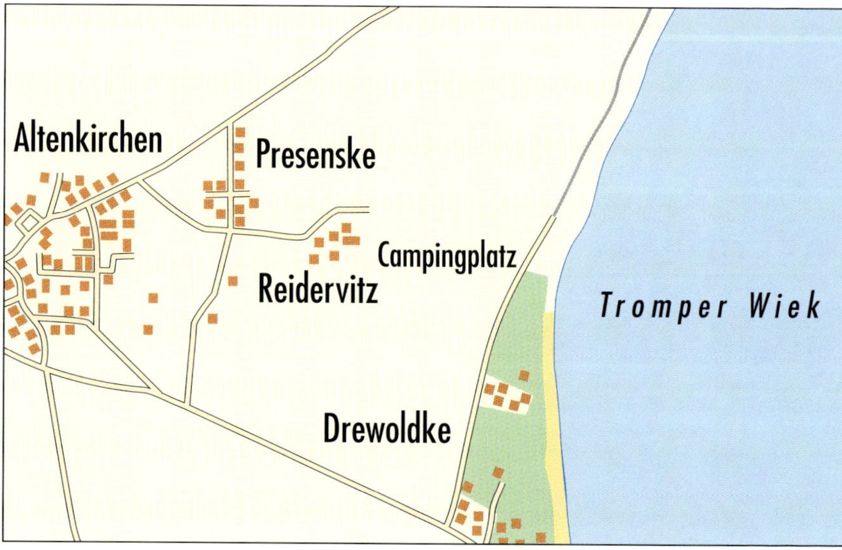


*Gebührenpflichtige Parkmöglichkeiten gibt es auf dem Caravanplatz von Drewoldke. Zirka 100 Meter entfernt (über Treppen) wartet die Ostsee.*

**Tauchgebiet**

# *Drewoldke / Rügen*

**Anfahrt**

Auf der Insel Rügen fahren Sie über Samtens, Bergen, Sagard, Glowe und Breege nach Drewoldke. Hier kann man den Wagen gegen eine kleine Gebühr im Gelände des Caravanplatzes abstellen. Während der Mittagsruhe können Sie allerdings nicht wegfahren!

**Einstieg**

Über kleine Stahltreppen und den Sandstrand gelangen Sie an die etwa 100 Meter entfernte Tromper Wiek.

**Flora und Fauna**

Wenn man in die sandigen Weiten dieser Ostseebucht hinaustaucht, sichtet man immer wieder kleine Tange, Meersalat, Darmtange und Miniatur-Seegraswiesen.

**Tiefe**

Maximal drei bis fünf Meter Tiefe sind zu erreichen. Vor dem Nordende des Caravanplatzes liegt ein Steinfeld, in dem gewaltige Meerasseln, Flohkrebse, Seestichlinge, Seenadeln

*Ein Seestichling in den Tangfeldern vor Drewoldke: Sein Körper ist mit Knochenplatten bedeckt, mit dem vorgestreckten Maul saugt er Beute gezielt ein.*

und tausend kleine Tiere zu finden sind. Bei Tageslicht ist Drewoldke eher etwas für den tauchenden Makrofotografen, nachts kann man hervorragend Ostseefische beobachten und porträtieren.

*Nur selten sieht man die Seenadeln so frei herumschwimmen wie auf diesem Foto. Zwischen Tang oder Seegras sind sie oft nicht zu erkennen.*

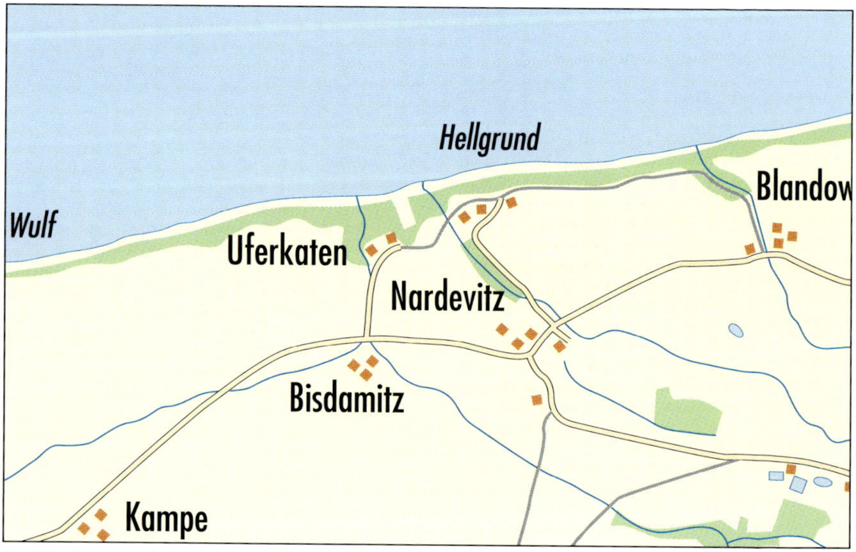


*In Bisdamitz führt ein Weg zum „Haus am Steilufer" und zum Uferwald. Dort können Sie 250 Meter vom Wasser entfernt parken.*

**Tauchgebiet**

# *Bisdamitz / Rügen*

**Anfahrt**

Auf der Insel Rügen geht es über Samtens, Bergen, Sagard bis auf Höhe des Spyckerschen Sees. Hier biegen Sie rechts nach Bisdamitz ab. Links führt ein Weg zum „Haus am Steilufer" und zum Uferwald am Steilufer.

**Einstieg**

Über einen etwa 250 Meter langen steilen Pfad gelangt man zur Ostsee. Die Sandufer der Tromper Wiek sind in dieser Region Steinhalden aus skandinavischen Graniten, Feuersteinen und zahllosen interessant gemaserten Gesteinen gewichen.

**Tiefe**

Vor Bisdamitz erreichen Sie rasch zehn bis 15 Meter Tiefe, einzelne Stellen sind über 20 Meter tief.

**Flora und Fauna**

Ausgedehnte Steilufer mit nur kleinen sandigen Flächen bieten reichlich Hartboden für prächtig ausgebildeten Blasentang,

*Interessant gemaserte Steine vor Bisdamitz bilden ausgedehnte Steinhalden.*

Röhrentang und die Felsenzweigfadenalge. Zahlreiche Grundfische, aber auch Makrelen, Heringe und Hornhechte, sind hier zu beobachten, ab und zu auch große Hechte.

*Inmitten der Felsen lebt diese Schwarzgrundel besonders sicher.*

*Östlich des Ortseinganges von Nardevitz führt ein kleiner Fahrweg zum Wasser, der sich am Uferwald gabelt. Parken Sie dort.*

**Tauchgebiet** *Nardevitz-Hellgrund / Rügen*

**Anfahrt**

Auf der Insel Rügen fahren Sie über Samtens, Bergen und Sagard bis nach Nipmerow und halten sich dann links Richtung Nardevitz. Gleich am östlichen Ortseingangsschild führt ein Fahrweg Richtung Meer, der sich am Uferwald gabelt. An dieser Gabelung müssen Sie parken, denn beide Wege führen aufs Feld beziehungsweise auf ein Privatgrundstück.

**Einstieg**

Durch einen gewaltigen Buchenwald stürzt ein Bach zum Meer hinunter. Folgen Sie dem Pfad links davon, dann kommen Sie am Feldrain entlang und über einen gewundenen, nicht sehr steilen Pfad zum Wasser. Rechts des Baches führt ein breiter, steiler Weg mit Geländer zum Meer. Auf jeden Fall liegt ein 200 bis 300 Meter langer, anstrengender Ausrüstungstransport vor Ihnen. Ein Caddy wäre günstig.

*Mikroskopisch kleine Algen an größeren Tangen werden von kleinen Meeresschnecken abgeweidet.*

**Tiefe**

Relativ schnell zeigt Ihr Tauchcomputer eine Tiefe von 20 Meter an.

**Flora und Fauna**

Vor Nardevitz branden ebenso wie vor Bisdamitz und Lohme von Norden her heftige Wellen auf die Küste. Zu Wasser und zu Lande gibt es Geröllhalden mit wunderbar gemusterten Steinen und zahlreichen schon geschliffenen Treibhölzern Das wellenschlagempfindliche Seegras kommt hier kaum noch vor. Statt dessen dehnen sich farbige Tangfelder aus, die von Hechten, Barschen, Seeskorpionen und Dorschen bevölkert werden. Tatsächlich trifft man in diesem Bereich auf eine immer interessanter werdende Mischung aus marinen Tieren und Süßwasserarten.

**Wrack**

Rechts des Bacheinlaufes liegen in drei bis vier Meter Tiefe die Reste eines stählernen Postdampfers. Allerdings hat die Brandung nur wenig davon übrig gelassen.

*Weit oberhalb des Hafens von Lohme können Sie parken und erst mal den Ausblick genießen. Über 60 Meter lange Treppen kommen Sie zum Wasser.*

**Tauchgebiet**

# *Lohme / Rügen*

**Anfahrt**

Auf der Insel Rügen fahren Sie über Samtens, Bergen, Sagard und Nipmerow nach Lohme. In Lohme kann man nur weit oberhalb des Hafens parken. Den Ausblick sollten Sie genießen, denn Lohme steht am Hang hoch über dem Meer, so wie einige mediterrane „Felsstädtchen“.

**Einstieg**

Die Ausrüstung ist über etwa 60 Meter lange Holztreppen zum Hafen hinunterzutragen. Einsteigen kann man rechts vom Hafen am Schwanenstein, der mit etwa 160 Tonnen Gewicht und 60 Kubikmeter Volumen Rügens größter Findling im Wasser ist. Taucherische Aktivitäten sollte man beim Hafenmeister anmelden. Dieser kann unter Umständen auch einen Teil der Ausrüstung mit der Seilbahn neben der Treppe transportieren und die ganze Aktion sehr erleichtern. Sofern Sie einen Fischer oder einen anderen Bootsbesitzer

*Unterwasserstilleben: Überall wo Hartboden, wie zum Beispiel diese Findlinge vor Lohme vorkommt, gibt es mehr zu sehen als über Sandgrund.*

für eine Charter-Tauchausfahrt gewinnen können, ist der Transport des Equipments ebenfalls mit der Seilbahn gesichert.

**Tiefe**

Vor Lohme können Sie relativ rasch eine Tiefe von 17 bis 20 Metern erreichen.

**Flora und Fauna**

Prächtige tang- und muschelbewachsene Steinfelder zieren den Grund vor Lohme. Das Grundprofil wirkt hier noch eigentümlicher als weiter westlich, denn vor Lohme können nordwestliche Winde eine extrem heftige Brandung verursachen, so daß sich ungewöhnlich viele und große Steine Richtung Küste bewegen.

**Sicherheitshinweis**

Tauchen Sie nicht im Hafen und unmittelbar vor der Hafeneinfahrt. Achten Sie beim Auftauchen auf Schiffs- und Bootsverkehr. Im Tauchgebiet selbst ist es so tief, daß Boote keine Gefährdung darstellen.

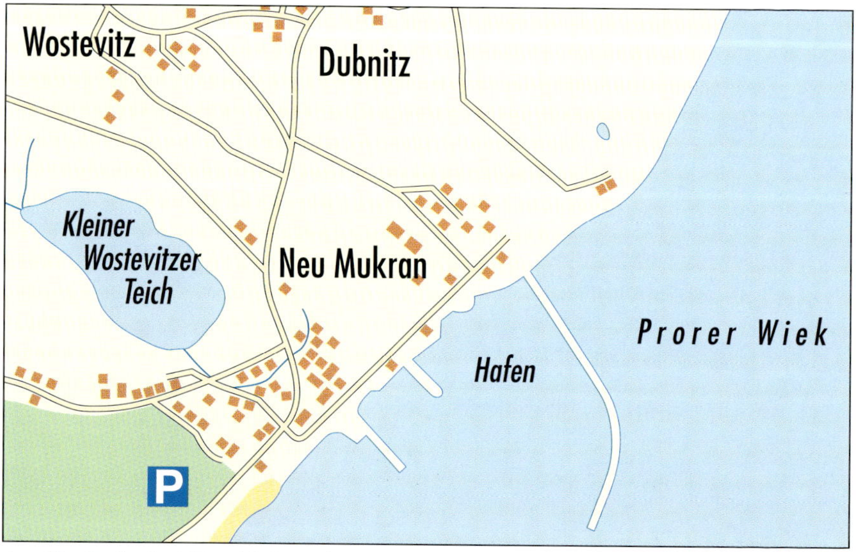


*Am Hochufer bei Neu Mukran liegt ein Parkplatz, von dem aus Sie auf die Molen und Fährterminals schauen können. Entfernung zum Wasser: 200 Meter.*

# Neu Mukran / Rügen

**Tauchgebiet**

**Anfahrt**

Sie fahren auf der Insel Rügen über Samtens und Bergen, dann auf der B 196a um den Kleinen Jasmunder Bodden herum nach Neu Mukran und weiter Richtung Saßnitz. Links steht das Gebäude der Landpension Dubnitz. Etwa 150 Meter nach dieser Pension biegen Sie rechts auf einen Feldweg ab, und zwar direkt nach einem Seezeichen, das auf einem dreieckigen Betonmast ein Dreieck trägt. Sie fahren an einem Gehöft mit Scheune vorbei, biegen am Wegende rechts auf einen mit Betonelementen belegten Weg ab und bei der nächsten Möglichkeit wieder nach links. So erreichen Sie einen kleinen Parkplatz am Hochufer bei Neu Mukran. Rechts unten liegen Molen und Fährterminal.

**Einstieg**

Rechts vom Parkplatz führt ein Pfad mit einer kleinen Treppe hinab zum Sandstrand. Es sind etwa 200 Meter Weg und ein beträchtlicher Höhenunterschied.

*Über den Molen und dem Fährterminal von Neumukran erhebt sich ein steiles Riff, von dem man eine schöne Aussicht hat.*

| | |
|---|---|
| **Tiefe** | Vor Neu Mukran beträgt die maximale Tiefe sechs bis zwölf Meter. |
| **Flora und Fauna** | Die Mole des Hafens ist interessant bewachsen, aber diese Meeresregion ist nährstoffreicher und daher weniger durchsichtig. Beachtlich ist hier die Zunahme von Süßwasserfischen. Häufig beobachtet man Bleie, Plötze, Barsche und Hechte, selten einmal einen Steinpicker oder Dorsch. |
| **Sicherheitshinweis** | Im Interesse Ihrer eigenen Sicherheit sollten Sie Ihren Tauchgang ausschließlich links vom Fährhafen und weit abseits der betonnten Fahrrinne ausführen. |
| **Wrack** | Laut Aussage einheimischer Taucher liegt in sieben Meter Tiefe das Wrack eines 17-Meter-Fischkutters. |

*Eine Tauchausfahrt mit dem Motorschlauchboot einer Rügener Tauchbasis vor Granitzer Ort.*

**Tauchgebiet**

# *Binz / Rügen*

**Anfahrt**

Auf der Insel Rügen fahren Sie über Samtens, Bergen, Karow und Serams nach Binz.

**Tip**

Die Tauchplätze vor Binz sind schwer zugänglich, und es ist empfehlenswert, sich von der Tauchbasis Prora führen zu lassen. Außerhalb der Saison und nachts ist die Gegend um die Binzer Seebrücke sehenswert. Neben der neuen Seebrücke befinden sich die Reste der alten, etwa 600 Meter langen Seebrücke im Wasser, an der sich viele Fische aufhalten. Wegen des Schiffsverkehrs ist jedoch größte Vorsicht geboten, und man sollte sich über die Fahrpläne der Ausflugsdampfer informieren.

**Einstieg**

Die interessantesten Tauchplätze bei Binz liegen vor den beiden kleinen Kaps Silvitzer Ort und Granitzer Ort des Forstes Granitz und sind von Land aus nicht zu erreichen. Hier

*Flundern dringen weit ins Brackwasser der Ostsee vor. Ihre Eier entwickeln sich noch bei geringstem Salzgehalt.*

empfiehlt sich eine Ausfahrt mit dem Motorschlauchboot der Tauchbasis Prora. Startpunkt ist meist das Gelände des Fischers am Südende von Binz.

**Wrack**

Etwa 50 Meter vor Silvitzer Ort liegen inmitten von Tangfeldern die Reste eines Segelschiffes in nur vier Meter Tiefe.

**Flora und Fauna**

Vor Granitzer Ort befindet sich das Seehundsriff, eine Ansammlung sehr großer Findlinge. In sechs bis 14 Meter Tiefe kann man durch Canyons, Gäßchen und bizarre Felsbrockenbänke tauchen, die Dorschen und Stichlingen als Unterschlupf dienen.

**Sicherheitshinweis**

Bei Nordwestwind beachten Sie unbedingt die Strömungsverhältnisse, damit Sie zum Schlauchboot zurückfinden. Wer leicht seekrank wird, sollte bei Wellengang auf diese Tour verzichten.

*Mit knapp 400 Meter Länge ist die schöne neue Seebrücke von Sellin die größte von Rügen.*

**Tauchgebiet**

# *Sellin / Rügen*

**Anfahrt**

Nach Passieren des Rügendammes erreichen Sie über Gustow, Garz und Putbus recht schnell Sellin. Sellin ist an den Hang des Hochufers gebaut, und vom Stadtzentrum bietet sich eine atemberaubende Aussicht auf die Ostsee und die neue Seebrücke. Mit 394 Meter ist die neue Seebrücke von Sellin die längste von Rügen.

**Einstieg**

In Sellin finden Sie in Sichtweite der Seebrücke einen großen gebührenpflichtigen Parkplatz. Über lange Treppen gelangen Sie an den Badestrand von Sellin. Mit Rücksicht auf die Badegäste sollte man auf Taucheinstiege während der Vor- oder Nachsaison beziehungsweise nachts verzichten.

**Flora und Fauna**

Die Pfeiler der Seebrücke sind wie alle Hartsubstrate attraktiv bewachsen. Im Umfeld der heutigen Seebrücke befinden sich noch Reste der alten, 508 Meter langen Seebrücke im Wasser,

*In Sand- und Schlickböden sind Sandklaffmuscheln zu entdecken, die sogar die Farbe des Sediments annehmen können, in dem sie eingegraben sind.*

die die Tierwelt ebenfalls besiedelt. Unter der Seebrücke kann man nachts aufregende Fischbeobachtungen machen.

**Sicherheitshinweis**

Tauchen Sie nur bei glatter See unter der Seebrücke. Informieren Sie sich über den Schiffsverkehr, und bedenken Sie bei jeder Unternehmung, daß das Tauchen an Seebrücken und hydrotechnischen Anlagen meist verboten ist. Nur bei rücksichtsvollem Verhalten werden Taucher wohlwollend toleriert. Offizielle Lesart wäre: Tauchverbot!

**Flora und Fauna**

Eine weitere Anhäufung großer bewachsener Findlinge ist das Quitzlassriff nordöstlich von Sellin. Dieses Tauchgebiet erreichen Sie jedoch nur mit Hilfe der Tauchbasis Prora oder des Taucherschiffes „Artur Becker" aus Greifswald.

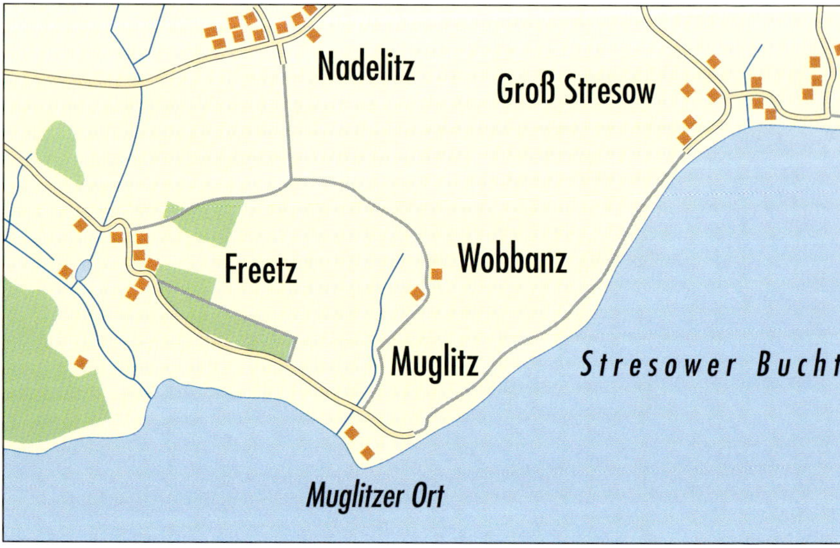


*Nahe Freetz können Sie mit dem Auto nahe ans Ufer des Rügischen Boddens fahren. Bei der Landspitze Muglitzer Ort ist eine Treppe zum Wasser.*

**Tauchgebiet**

# *Muglitzer Ort / Rügen*

**Anfahrt**

Auf der Insel Rügen fahren Sie über Gustow, Garz und Putbus nach Vilmnitz. Bei Freetz gelangen mit dem Auto fast bis zur Ufernähe des Rügischen Boddens.

**Einstieg**

In der Nähe der Landspitze Muglitzer Ort finden Sie eine Badestelle und eine Stahltreppe zum Wasser.

**Tiefe**

In der Fahrrinne zwischen Muglitzer Ort und der Insel Vilm wird es höchstens sieben Meter tief.

**Flora und Fauna**

Dieses Tauchgebiet ist ein typisches, partikelreiches Boddengewässer. Verglichen mit der eigentlichen Ostsee ist die Sicht eingeschränkter. Dennoch gibt es Rottang-bewachsene Steine und weiter draußen kleine Seegraswiesen auf Schlick. Die eigentliche Attraktion des Tauchplatzes sind Süßwasserfische wie Plötze, Blei, Zander, Barsch und

*Kaum zu entdecken: Von diesem zwischen Algen versteckten Brackwasserhecht lugt nur die Rückenflosse hervor.*

Schwärme Dreistachliger Stichlinge. Letzteren kann man im Frühjahr bei Nestbau und Brutpflege zusehen. Vor Muglitzer Ort leben riesige Brackwasserhechte, die sich geschickt im Algengewirr des Boddens verbergen. Oft kann man nur eine Rückenflosse entdecken. Im April und Mai ist der Rügische Bodden Laichplatz der Rügenheringe.

**Sicherheitshinweis**

Die Fahrrinne ist durch Bojen gekennzeichnet, tauchen Sie trotzdem möglichst nicht hinein. Die Insel Vilm ist Naturschutzgebiet, das nur mit einer organisierten Führung (Fähre ab Lauterbach) betreten werden darf.

*Der Kleine Stubben entstand aus einem gefluteten Kreidebruch. Gelegentlich finden hier Tauchwettkämpfe statt.*

**Tauchgebiet**

# *Kleiner Stubben / Rügen*

Wenn der Sturm um Rügen tobt, kann man als Alternative im Inland tauchen. Die Bodden im Inneren der Insel sind meist völlig trüb, so daß man sich schon einen „echten" Süßwassersee suchen muß.

**Anfahrt**

Nach Passieren des Rügendamms geht es über Gustow und Posenitz nach Groß Stubben. Wenn Sie weiter über Klein Stubben nach Berglase fahren, liegt der See auf der rechten Seite. Von der Straße Berglase-Garz gibt es eine direkte Zufahrt.

**Einstieg**

Über eine kleine Wiese am Steg können Sie leicht in den See einsteigen.

**Wissenswertes**

Der See mit den markanten beiden Buchten war früher ein Kreidebruch, der voll Wasser gelaufen ist. Der See wird

*Ein Großteil der nachtaktiven Edelkrebse wurde im letzten Jahrhundert durch die Krebspest ausgerottet, die sich schnell über ganz Europa ausbreitete.*

teils als Berglaser See, teils als Kleiner Stubben bezeichnet. Manchmal finden hier Wettkämpfe im Orientierungstauchen statt.

**Flora und Fauna**

Der Kleine Stubben weist eine spärliche Röhrichtzone auf. Große Teichmuscheln und zahlreiche Barsche sind hier zu entdecken. Die Besonderheit des Gewässers ist der reiche Bestand an Edelkrebsen. Im Jahresgang ist mit ein bis fünf Meter Horizontalsicht zu rechnen.

**Tauchbasis**

Eine weitere Schlechtwettervariante ist ein Besuch in der Tauchbasis Dänholm. Taucherbar und Zugang zum Tauchturm liegen in derselben Etage, so daß man sich entscheiden muß. Wenn Sie mit den Ostseetauchern vom Dänholm telefonieren, läßt sich gleichzeitig eine Einweisung in das Helmtauchen arrangieren, die ebenfalls im Tauchturm stattfindet.

*Aller Anfang ist schwer: Tauchschüler üben im Tauchturm auf dem Dänholm die Wechselatmung.*

# *Adressen für Taucher IV*

**Service**

Die Tauchbasis OHG Dänholm bietet eine Pension, Gaststätte, Tauchladen und Tauchturm an und fungiert als Füllstation. Hier im Hause kann man Einführungslehrgänge zum Helmtauchen buchen.

**Adresse**

Tauchbasis OHG Dänholm
Haus 93
18439 Stralsund
Tel.: 03831 – 297 090
Fax.: 03831 – 297 099

**Service**

Wolfgang Frank betreibt ein Camping-, Tauch- und Angelgeschäft. Gasttaucher können eigene Flaschen füllen und Leihflaschen erhalten.

**Ausfahrten**

Vom Ostseebad Binz aus veranstaltet Wolfgang Frank

Tauchausfahrten mit dem Motorschlauchboot zu den Tauchgebieten Silvitzer Ort und Granitzer Ort.

**Adresse**
Wolfgangs Camping-, Tauch- & Angelshop
Proraer Chaussee 50
18609 Prora / Rügen
Tel.: 038393 – 2406
Mobil: 0172 – 3835 181

**Service**
Andreas Grundmann betreibt die Tauchbasis am Nordkap. Diese Tauchbasis ist in erster Linie der Stützpunkt des Landesverbandes für Unterwasserarchäologie Mecklenburg-Vorpommern e.V. Gasttaucher können dort am Wochenende ihre Flaschen füllen lassen.
Gelegentlich gibt es Bootsausfahrten zum Kreideriff oder zu diversen Wracks, aber das ist immer unsicher, da die Forschungen des Vereins im Vordergrund stehen.

**Adresse**
Andreas Grundmann
Tauchbasis am Nordkap
Haus Nr. 4
18556 Putgarten – Goor
Tel.: 038391 – 129 22

**Service**
MS „Brigitte, ein 30-Meter-Schiff für Taucher und Hochseeangler, steuert rund Rügen Plätze Ihrer Wahl (auch das Wrack der „Jan Heweliusz“) an. An Bord sind Vollverpflegung und Übernachtung für 25 Personen möglich.

**Adresse**
MS „Brigitte“, Mole Saßnitz.
Bordtelefon und Fax: 0161 – 15 27 908.
Reederei Rainer Weise, Tel.: 038391 – 12 187.

**Service**
Übernachtungen in der Nähe der Tauchgebiete Kreptitz, Bakenberg bis Varnkevitz:

**Adresse**
1. Peter Carow
Uns Hüsung
18556 Dranske
Tel./Fax: 038391 – 89061

*Die Grundel ist das kleinste bis heute bekannte Wirbeltier. Schwimmgrundeln halten sich gewöhnlich in großen Schwärmen in Seegrasregionen auf.*

**Adresse** 2. Regenbogen Camp
18556 Nonnewitz
Tel.: 038391 – 8730 oder 89032
Fax: 038391 – 8127

**Service** Übernachtungen direkt an den Tauchgebieten Nardewitz und Bisdamitz.

**Adresse** Haus am Steilufer
18551 Bisdamitz
Tel.: 038 392 – 30 110
Fax: 038 392 – 30 11 30

**Service** Kutterchartefahrten ab Hafen Lohme:

**Adresse** Klöneck am Hafen
18551 Lohme
Tel. 038 392 – 320 30
Mobil: 0172 – 318 46 47
Hafenmeister: Tel.: 038 302 – 909 09.

# Vor Greifswald und Usedom

Greifswald ist eine gemütliche kleine Hafenstadt. Usedom hat eine lange Kette von Seebädern und Kieferforsten zu bieten. Was dem Badegast gefällt, ist für Taucher weniger günstig: Riesige Küstenregionen sind so flach, daß Tauchen von Land aus sich kaum lohnt. So sind Greifswald und Usedom heute Heimathäfen von diversen Tauchschiffen und Charterbooten, die zu bekannten Wrackliegeplätzen auslaufen.

*Wahrzeichen des Ortes Greifswald ist die Holländer-Klappbrücke über den Ryck.*

*Am Heck des auf der Seite liegenden Fährschiffswrack „Jan Heweliusz“. Inzwischen ist das Schiff stark bewachsen.*

*Fast ein Kreuzfahrtschiff für Taucher ist die MS „Artur Becker" – so luxuriös ist sie ausgestattet.*

# Wracktauchen vor Greifswald

**Tauchgebiet**

Im Greifswalder Bodden und vor Usedom gibt es riesige Flachwasserregionen und zum Teil sogar Schlickflächen. In diesem Gebiet kann das Tauchen vom Ufer aus nicht empfohlen werden. Dafür gibt es Anbieter, die sehr interessante Tauchausfahrten per Schiff anbieten. Auf diesen Fahrten werden überwiegend gut bekannte Wrackliegeplätze vor Rügen und Usedom angesteuert, auf Wunsch der Gäste aber auch „Naturtauchplätze".

**Tauchschiff**

Eines der größten und bestausgerüsteten Taucherschiffe im Ostseeraum ist MS „Artur Becker", das Clubschiff des Tauchsportvereins Greifswald. Der als Taucherschiff umgerüstete 39 Meter lange Logger kann etwa knapp 30 Tauchgäste an Bord nehmen und die ganze Ostsee befahren. Das Schiff ist geheizt, bietet Duschen, ständig 220 V Bordstrom, Vollpension und für Taucher eine große seewassergekühlte Füllanlage sowie eine Vier-Personen-Druckkammer.

*Die gewaltigen Bugstrahlruder des polnischen Fährenwracks sind interessante Details, die erkundet werden sollten.*

Die aktuelle Fahrtroute des Schiffes wird an Bord festgelegt. Sie richtet sich nach den Wetterverhältnissen, den Wünschen der Gäste und deren taucherischem Können, denn einige Wracks befinden sich in großen Tiefen und sind für Tauchschüler oder Tauchanfänger nicht geeignet.

**Anfahrt**

Diverse Autobahnen führen zum Berliner Ring. Von der Autobahn A 11 Berlin-Stettin fahren Sie an der Anschlußstelle Prenzlau ab und weiter auf der B 198 nach Prenzlau. Ab Prenzlau auf der B 109 geht es über Pasewalk-Anklam nach Greifswald. In Greifswald fahren Sie zum Hafen im Ortsteil Greifswald-Wieck, wo die „Artur Becker“ gar nicht weit von der historischen Holländer-Zugbrücke über den Ryck ihren Liegeplatz hat. Während der Tauchreise stehen die Autos auf einem bewachten gebührenpflichtigen Parkplatz.

**Tauchfahrt**

Die Tauchfahrten sind so geplant, daß das Schiff in den frühen Morgenstunden Anker lichtet und nach dem Frühstück am

*Falls man mal zu schnell aufsteigen sollte, wird man gleich an Bord versorgt, denn auf der „Artur Becker" sind auch Druckkammerfahrten möglich.*

gewünschten Tauchplatz ankert. Der Kapitän hat per GPS und Echolot die Wrackposition geortet, die Tauchbegleiter werfen beim Überlaufen des Wracks ein Gewicht mit Boje – die berühmte „Bommel". Die Tauchbegleiter oder Tauchführer tauchen zuerst und kontrollieren, ob die Boje korrekt am Wrack liegt und jeder Gast das Wrack sicher erreichen kann. Dann können die ersten Taucher über Bord springen, und das Wrackerlebnis ist garantiert. Auf der „Artur Becker" wird Non-Limit-Tauchen inklusive Nachttauchen angeboten. Nur das launische Ostseewetter behindert manchmal die Tauchaktivitäten.

**Wracks: „Jan Heweliusz"**

Das Wrack des polnischen Fährschiffes „Jan Heweliusz" ist das am häufigsten aufgesuchte Tauchziel und fast schon „Hausriff" der „Artur Becker"-Crew. Das Schiff sank in schwerem Sturm bei Windstärke 11 am 14. Januar 1993 etwa 20 Seemeilen nordöstlich von Rügen. Die Fähre war wenige Tage vorher mit der Kaimauer des schwedischen Hafens Ystad

*Mit einer Lampe bahnt sich der Taucher den Weg zu dem Wrack des Lasters „Minos“ und steigt in den Laderaum hinab.*

kollidiert und vermutlich nicht sorgfältig repariert worden. Mit dem Schiff gingen 55 Menschen unter. Die polnische Reederei hat alle Rechte an dem Wrack aufgegeben, so daß dem Tauchen nichts entgegensteht. Auch wenn das Wrack inzwischen als Muschelbank ein Teil der Ostsee geworden ist, sollte man sich mit der nötigen Zurückhaltung an diesem Seemannsgrab bewegen.

Das Fährschiff ist über 170 Meter lang und liegt auf der Backbordseite. Die Wrackoberkante befindet sich in elf Meter Tiefe, die tiefste Position neben dem Wrack mißt 27 Meter. Besonders interessant sind Heckpartie, Aufbauten und die Bugstrahlruder. Mit Kennern des Wracks kann man auch die Innenräume betauchen, in denen es Eisenbahnwagen und LKWs zu sehen gibt. Besonders Mutige stoßen bis zum Maschinenraum vor. Nach wie vor gibt es im Wrack gefährliche Stellen, bei welchen die aufsteigende Ausatemluft abgeblätterte Farbpartikel, halbzähe Farbe oder Öltropfen in Unruhe bringt und in Kürze die

*Warten auf den Einstieg: Tauchbetrieb auf der MS „Artur Becker“.*

Sicht im betreffenden Raum stark beeinträchtigt. Tauchen Sie vorsichtig, riskieren Sie nichts!
Offenbar hat das Fährschiff sehr wertvolle oder das Licht der Öffentlichkeit scheuende Güter an Bord gehabt, denn Unbekannte haben die Seitenwand der Fähre aufgebrannt und Container geborgen. Wegen dieser Beschädigungen ist das Wrack teilweise einsturzgefährdet.

**Lastensegler**

Etwa fünf Seemeilen nördlich von Stubbenkammer ruht in 31 Meter Tiefe ein beeindruckender Lastensegler aus Holz am Grund. Im Wrack liegen Masten und umgebrochene Aufbauten, zwischen dem Grund und der Wandung des Schiffsrumpfes stehen fast immer metergroße Dorsche. Vor allem an der hochaufragenden Bugspitze sind zahllose

*„Titanic"-Fans kommen auf ihre Kosten: Im „Minos"-Wrack hängen Rostzapfen wie in dem legendären, gesunkenen Passagierschiff.*

Fischernetze hängengeblieben, die dem Wrack bei Gegenlicht und guter Sicht ein märchenhaftes Flair verleihen.

**Erzfrachter**

Ein 200 Meter langer Erzfrachter ging etwa 12,5 Seemeilen nördlich von Kap Arkona unter. Dieses große Stahlschiff liegt 47 Meter tief, und ein Besuch in dieser dunklen Tiefe ist mehr etwas für Gäste mit großer Taucherfahrung.

**„Minos"**

Das waren nur drei Beispiele aus Kapitän Hankes langer Wrackliste. Die beschriebenen Wracks können auf Wochenendausfahrten erreicht werden. Auf längeren Tauchfahrten von vier bis zehn Tagen werden zudem spannende Wrackliegeplätze vor dem Darß, vor Møn, vor Südschweden sowie rund um Bornholm angesteuert. Auf solchen Fahrten sehen Sie dann die berühmten Rostzapfen im Laderaum des Frachters „Minos", die ganz genauso aussehen, wie Sie diese Gebilde aus dem Titanic-Film in Erinnerung haben. Oder Sie tauchen am U-Boot-Wrack vor Bornholm. Eine Tauchreise auf „Artur", wie Stammgäste das Tauchschiff gern nennen, ist jederzeit ein ungewöhnliches Ostsee-Erlebnis.

*Der Minenleger M 14 ist kurz vor Ende des Zweiten Weltkrieges bei Usedom gesunken und stark zerstört.*

**Tauchgebiet** *Usedom*

**Anfahrt**

Diverse Autobahnen führen zum Berliner Ring. Von der Autobahn A 11 Berlin Richtung Stettin fahren Sie an der Anschlußstelle Prenzlau ab und weiter auf der B 198 nach Prenzlau. Ab Prenzlau auf der B 109 geht es über Pasewalk-Anklam bis Zarnekow. Nach Passieren des Ortes Zarnekow kreuzt die B 111. Sie biegen rechts ab, fahren auf der B 111 bis Wolgast und von hier aus weiter zur Marina Kröslin. Dort liegt das Taucherschiff „Amphibie". Diese ehemalige Vermessungsbarkasse ist zu einem modernen Tauchschiff umgebaut worden und bietet für zehn Gäste Platz in Kabinen. Für Tagesfahrten können bis zu 16 Tauchgäste an Bord gehen.

**Wrack**

„M 14" heißt ein Wrack aus dem Logbuch der „Amphibie". Dieses Schiff war ein Minensuchboot vom Typ 35; 68 Meter lang und neun Meter breit. Der Minensucher lief am 3. April 1945 auf eine Grundmine und liegt 6 Seemeilen nördlich von

*Sand- und Schlickflächen bieten nur wenigen sichtbaren Meeresbewohnern Unterschlupf. Lediglich eine Schwarzgrundel blickt scheu um sich.*

Usedom in einer Tiefe von zwölf Meter. Das Wrack ist in zwei Teile zerbrochen. Der Bug liegt auf der Backbordseite, das Heck kieloben. Von den beiden 2,5 Meter großen Schrauben ist leider nur noch eine vorhanden. An diesem Tauchplatz muß die See relativ glatt sein, um etwas zu sehen. Die Wrackoberkante wird schon in fünf Meter Tiefe erreicht. Die Position lautet 54° 10.00‘ N, 13° 59, 30‘ E.

**Flora und Fauna**

Wahlweise werden auch Naturtauchplätze angesteuert. Einer dieser Plätze ist die Vinetabank vor Usedom, bei der runde Findlinge frei auf festem Sand liegen und eine gewisse Konzentration von marinen und Süßwasserfischen zu beobachten ist.
Die weiten Sand- und Schlickflächen vor Usedom bieten jedoch nur wenig Gelegenheit für attraktive Naturbeobachtungen, so daß bei der „Amphibie“-Crew der Schwerpunkt eindeutig auf dem Wracktauchen liegt. Auch die „Jan Heweliusz“ wird angesteuert.

*Einst war die künstliche Insel am Tollensesee eine Torpedoversuchsanlage. Die Ruine der Station zu durchtauchen ist nicht ungefährlich.*

**Tauchgebiet**

# Tollensesee

Das launische Wetter stört vielleicht Ihre Tauchvorhaben im Raum Rostock bis Usedom. Sie wollen dennoch tauchen und Neues erleben. Dann bietet sich ein Binnenlandausflug zum Tollensesee an, den Sie in ein bis zwei Stunden mit dem Auto erreichen.

**Anfahrt**

Von Rostock aus fährt man über die Autobahn A 19 bis Anschlußstelle Güstrow, von hier auf der B 104 über Teterow und die Reuterstadt Stavenhagen nach Neubrandenburg. Von Rügen und Greifswald kommen Sie auf der B 96 besonders schnell nach Neubrandenburg.

**Tauchplätze**

Im Süden von Neubrandenburg liegt der Stadtteil Lindenberg, am Fuße dieses bebauten Hügels der Badestrand Neubrandenburg-Augustabad. Hier finden Sie Parkplätze vor und können von Land aus tauchen. Ein anderer

*Der Tollensesee ist sehr fischreich. Häufig sind Aalrutten, auch Trüsche genannt, zu beobachten.*

Landtauchplatz ist der Campingplatz Gatscheck am Westufer des Sees.

**Tollensesee**

Im Tollensesee sind maximal 37 Meter Tiefe zu erreichen, fast überall wird es bereits in geringer Entfernung vom Ufer tief. Rund um die alte Torpedoversuchsstation ist lediglich mit vier bis zehn Meter Tiefe zu rechnen. Die Horizontalsicht kann bei drei bis zehn Meter liegen.

**Flora und Fauna**

Der Tollensesee bietet in Stadtnähe ausgedehnte Wiesen aus Tausendblättern, Kammlaichkraut und Teichfaden. Der See ist reich an Krebsen und Aalen. Im Freiwasser beobachtet man häufig Schwärme von Plötzen und Großen Maränen.

**Ruine**

Ein ganz besonderer Tauchplatz ist die gesprengte Ruine einer alten Torpedoversuchsstation. Hier erhob sich ehemals ein mehrstöckiges Gebäude auf Pfählen und Spundwänden über den See, in dem es vier Torpedorohre für Testschüsse gab.

*Hechte sorgen dafür, daß die anderen Teichbewohner wachsam bleiben. Sie fressen Fische, Amphibien, Wasservögel und kleine Säugetiere.*

Das Bauwerk wurde von den Russen mehrfach gesprengt, und der Trümmerhaufen läßt sich in mehreren Tiefenhorizonten durchtauchen. Das ist nicht ungefährlich. Deshalb sind hier nur geführte Tauchgänge mit den beiden Neubrandenburger Tauchbasen gestattet. Im Bauwerk bekommen Sie militärischen Schrott, aber auch dicke Barsche, Aalrutten, sehr große Hechte, Aale, rankenförmige Moostierchenkolonien, bizarre Schwämme und vieles mehr zu Gesicht.

**Wrack**

Gar nicht weit vom Parkplatz Augustabad steht ein uralter steinerner Aussichtsturm auf Behms Höhe (vergleichen Sie Wanderkarten). Unterhalb des Turms liegt in etwa 17 Meter Tiefe das Wrack eines Stahlprahmes. Darin leben zahlreiche große Aalrutten.

# *Adressen für Taucher V*

**Service**

Das Clubschiff „Artur Becker“ bietet Tauchgästen mehrtägige Tauchfahrten zu Wracks und Naturtauchplätzen im ganzen Ostseeraum an. Das bedeutet Vollservice mit Leben an Bord, Vollpension, Non-Limit-Tauchen, Leihausrüstungen und auf besonderen Fahrten auch Ausbildung bis hin zu Tauchlehrerprüfungen. Heimathafen ist Greifswald-Wieck.

**Adresse**

Tauchsportclub Greifswald e.V.
Yachtweg 3
17493 Greifswald
Tel. + Fax: 03834 – 840 147
oder 03834 – 813 070 oder mobil: 0171 – 322 4607

**Service**

Volkmar Lang betreibt in Greifswald einen Tauchladen mit Füllstation.

**Adresse**

Tauchschule Pro Aqua
Fischstr. 16
17489 Greifswald
Mobil: 0172 – 863 61 39
Fax: 03834 – 59 43 16

**Service**

Das Tauchschiff „Amphibie“ unternimmt ganztägige Tauchfahrten rund um Usedom. Abends läuft das Schiff wieder in den Hafen Kröslin ein, man wohnt jedoch bei Vollpension an Bord. Non-Limit-Wracktauchen wird geboten. Heimathafen ist die Marina Kröslin bei Wolgast.

**Adresse**

Berlin Amphibien Charter
Scherenbergstr. 8
10439 Berlin
Tel.: 030 – 446 9107
Fax: 030 – 446 9108

**Service**

Armin Scharf veranstaltet ab Hafen Karlshagen auf Usedom Kutterfahrten auf die Ostsee für Taucher oder Angler. Sein Aktionsradius reicht bis Nordrügen und zum „Jan Heweliusz“-Wrack.

**Adresse**

Armin Scharf
Blumenstr. 5a
17449 Karlshagen
Tel. + Fax: 038371 – 20 498
Mobil: 0171 – 741 5529

**Service**

Jörg Borchert betreibt einen Tauchladen mit Füllstation und Tauchschule in Neubrandenburg. Ausgebildet wird nach SSI. Vorwiegend am Wochenende werden Tauchausfahrten auf den Tollensesee veranstaltet.

**Adresse**

Moeller & Borchert GmbH
Tauchschule Jörg Borchert
Stargarder Str. 10 a
17033 Neubrandenburg
Tel: 0395 - 566 00 61
Mobil: 0171 – 212 24 46

**Service**

Ulf Barthel bietet in Neubrandenburg Ausbildung, Tauchladen und Füllstation an. Am Wochenende sind Tauchausfahrten auf den Tollensesee möglich.

**Adresse**

Tauchshop Octopus
Ulf Bartel
Juri-Gagarin-Ring 6
17036 Neubrandenburg
Tel. + Fax: 0395 – 779 04 80
Tauchbasis Tel: 039889 – 83 44

**Unterkunft**

Tourist-Information Neubrandenburg
Tel.: 0395 – 194 33

# Brackwassermeer Ostsee

Die Lebensbedingungen für Pflanzen und Tiere werden im Freiwasser allein vom Meerwasser, am Grund zusätzlich von dessen Beschaffenheit, bestimmt. In der Ostsee findet man vor allem Weichboden (Schlamm), Sandboden und

*Artenreiche Garnelenbestände sind das Markenzeichen des Poeler Tauchplatzes.*

Hartboden, wobei Bewuchs und Tierwelt über verschiedenen Substraten (Untergründen) sehr unterschiedlich sein können.

Zu den Weichböden zählen Schlick und Schlamm. Sie bestehen aus feinsten Sedimenten. Weichböden liegen oft tiefer als 20 Meter, meist sogar jenseits der 40 Meter, eine genaue Abgrenzung zum Sandboden ist schwierig. Biologisch gesehen liegt Weichboden dort vor, wo die Zwischenräume zwischen den einzelnen Sandkörnern von feinstem Sediment verstopft sind und in diesen Lücken keine der für Sandböden typischen mikroskopischen Tiere mehr leben können. Feinste

*Insgesamt kommen in der Ostsee zwölf verschiedene Dorscharten vor. Viele Fischer leben vom Dorschfang.*

anorganische Böden mit Sandanteil heißen Schlick, schmierige anorganische Böden sind als Schlamm definiert, Weichböden aus feinen organischen Resten werden als Mudd bezeichnet. Kahle Weichböden sind überwiegend von mikroskopisch kleinen Tieren bevölkert, und durch das leicht aufwirbelbare Material zählen solche Bereiche zu eher frustrierenden Tauchgebieten.
Auf tiefen Schlickböden sind bestenfalls kleine Schlangensterne, Schuppenwürmer, Riesenasseln, der eigenartige Priapswurm und im Schlamm lebende Flohkrebse zu sehen. Die drei markantesten Muschelarten Baltische Plattmuschel, Sandklaffmuschel und Miesmuschel können sowohl auf Weich- als auch auf Sandboden existieren.

Über Sandboden beobachtet man in erster Linie Plattfische, aber auch Sandaale, Sandgrundeln, Strandkrabben, Asseln, Grundeln, Strandschnecken und mehrere Flohkrebsarten. Überwiegend liegen die Tiere des Sandbodens tagsüber ein-

*Die gelben Brotkrumenschwämme leben auf festem Substrat zwischen Null und 600 Metern Tiefe und werden etwa handgroß.*

gegraben und sind dämmerungs- sowie nachtaktiv. Nachgraben im Sand fördert Herzmuscheln, Sandgarnelen und Flohkrebse zutage. Letztere springen bisweilen 30 Zentimeter in einem Satz davon.

Auf Weich- und Sandböden vermag das Seegras zu wachsen, das sich mit zahlreichen Wurzelausläufern auch auf sehr lockerem Boden halten kann. Meist beginnen Seegraswiesen erst in einiger Entfernung vom Ufer, weil diese Pflanzen erheblich empfindlicher hinsichtlich Wellenschlag sind als Tange. Oft ist das Seegras in Richtung des Flachwassers mit diversen Grünalgen vergesellschaftet, während in der Tiefe Rotalgen und Braunalgen anschließen. Im Brackwasser bevölkern sogar die aus Binnenseen hinlänglich bekannten Zuckmückenlarven den Untergrund von Seegraswiesen. Zwischen Seegras und auch zwischen Blasentang erheben sich oft Meersaiten. Brackwasserpolypen findet man sowohl auf Seegras als auch auf den Laichkräutern stark brackiger

*Die gelbe Haarqualle, besser bekannt unter dem Namen Feuerqualle, nesselt sehr stark. Deshalb gilt: schön fernhalten!*

Ostseegebiete. Im Seegras leben häufig Hydrozoen-Kolonien, Asseln, Garnelen, Wasserschmetterlingslarven, fädige Algen und Moostierchen. Im Seegras verstecken sich Aale, hier wachsen die kleinen Flundern heran, mitunter sieht man auch Seescheiden. Man findet das Seegras überwiegend westlich von Rostock, obwohl insbesondere Zwerg-Seegras noch weit östlich von Bornholm wachsen kann.

Wenn der Meeresboden natürliche (Felsen, Miesmuschelbänke) oder künstliche Hartsubstrate (Wracks, Schrott, Ruinen, Spundwände) aufweist, besteht der größte Teil der Pflanzenzone aus Blasentang. Diese Alge hat keine echten Wurzeln und kann daher nur auf festem Untergrund angeheftet leben. Gerade auf Blasentang findet man im Brackwasser oft winzige gewundene Kalkröhren, die dem Posthörnchenwurm gehören. Hier leben aber auch häufig Seestichlinge, Aalmuttern, Grundelarten und Butterfische.

Summa summarum verschwinden mit dem abnehmenden Salzgehalt der Ostsee von West nach Ost immer mehr marine Arten. Während es Strandkrabben, Strandschnecken und Zuckertang gerade bis Bornholm schaffen, sind vor allem Blasentang und Miesmuscheln die am besten angepaßten Arten. Die beiden letzteren können bis hin zum Finnischen Meerbusen existieren.

Zwischen Rügen und Bornholm beobachtet man insbesondere Blasentang, weil zahlreiche Hartböden Substrat bieten. Seegras bleibt auch auf dem Sandboden vor Rügen eher spärlich, da es den Strömungen und dem heftigen Wellenschlag nicht so gut widerstehen kann wie Blasentang. In der gut durchlichteten Ostsee vermag der Blasentang die Region von etwa einem bis acht Meter Tiefe einzunehmen. Im unteren Bereich wird Blasentang oft nahtlos von großen Miesmuschelbänken abgelöst. Die Blasentangzonen sind der am dichtesten bewohnte Lebensraum. Hier findet man Flohkrebse, Röhrenwürmer und Garnelen, Schnecken und Muscheln und zahlreiche Fische. Die Blasentang-Dschungel sind Nahrung für Strandschnecken und Asseln, Substrate für kleine Algen und Laichplatz für Hecht, Hering und

*Die „olle Flunder" ist der Scholle sehr ähnlich. Ihre Augenseite ist grünlich bis bräunlich, gelegentlich mit hellen orangen Flecken.*

Dreistachligen Stichling. Die sogenannte Fucus- und Mytilis-Gemeinschaft (Lebensraum von Blasentang und Miesmuschel) dominiert die Flachwassergebiete der zentralen Ostsee bis zum Finnischen Meerbusen.
Rund um Rügen leben etwa 60 bis 80 Arten von größeren (das heißt ohne Hilfsmittel sichtbaren) Tieren und Pflanzen. Ungefähr ein Drittel davon kommt bereits aus dem Süßwasser.

Die Artenanzahl ist, insbesondere bei den Fischen, nicht jedes Jahr gleich. Wenn die Ostsee reiche Salzwassereinbrüche wie 1993 und 1994 erlebt, haben marine Organismen „gute Karten". Fehlt der Salzwasserzustrom viele Jahre, süßt die Ostsee merklich aus, und marine Organismen ziehen sich zurück oder sterben. Besonders auffällig ist das bei Tieren wie der Strandkrabbe, deren Larven in der Ostsee nicht leben können. Werden mit dem Salzwasserzustrom Strandkrabbenlarven in die Ostsee ein-

*Die Gekerbte Seepocken sind festgewachsene Krebse und besiedeln Hartsubstrat zwischen der unteren Gezeitenzone und 60 Meter Tiefe.*

getragen, und wachsen diese noch im konzentrierten Salzwasser zu Jungtieren heran, gibt es wieder einmal eine Krabbengeneration zwischen Rügen und Bornholm. Diese leben ihre Zeit, doch Nachwuchs ist für die Krabben in der salzarmen zentralen Ostsee nicht möglich.

Der beinahe „launisch" schwankende Salzgehalt der Ostsee ist für alles Leben die absolut beherrschende Größe. Die Tiere haben in ihren Körperflüssigkeiten jeweils eine andere Salzionenkonzentration als das Brackwasser. Diese Differenz der im Körper gelösten Salze zu den Salzen im umgebenden Wasser nötigt viele marine Tierarten, das über durchlässige Körpermembranen entsprechend dem Konzentrationsgefälle eindringende Wasser ständig auszuscheiden.

Süßwassertiere hingegen haben oft eine ähnliche Salzkonzentration im Körper, wie sie im Brackwasser besteht. Aber diese Arten benötigen für ihren Stoffwechsel eine gewisse Differenz zwischen dem Salzgehalt im Körper und der Salzkonzentration im Außenmedium. Nachweislich können Süßwasserfische wichtige Salzionen über die Kiemen entgegen dem Konzentrationsgefälle aufnehmen; sie erhöhen die Salzkonzentration im Körper unter Ostseeverhältnissen.

Dieser unsichtbare Kampf mit den Elementen kostet Energie, so daß die Organismen im Brackwasser kleiner bleiben und oft auch eine geringere Aktivität haben. Erstaunlicherweise sind jedoch noch bis hinunter zu sechs Promille Salzgehalt (Weltmeer circa 36 Promille!) die marinen Tiere die größere Gruppe im Brackwassermeer Ostsee. Die Größenreduktion ist jedoch nicht die einzige „verlustreiche Anpassung". Vielfach geschieht auch eine Formenänderung, zum Beispiel haben Herzmuscheln im Brackwasser weniger Rippen.

Ostseetiere können, um die harten Lebensbedingungen zu überstehen, eher laichreif werden als ozeanische Individuen derselben Art. Eine andere Strategie, mit den Extremen des Brackwassers fertig zu werden, ist die sogenannte Biotopverschiebung. Hierbei versuchen marine Arten, möglichst im salzreichen Tiefenwasser zu leben (Miesmuscheln in der Ostsee bis 100 Meter Tiefe!), während Süßwasserarten im ausgesüßten Flachwasser bleiben.

Der so wichtige Salzgehalt in der Ostsee nimmt nicht nur horizontal von Westen nach Osten ab, sondern ist auch vertikal sehr unterschiedlich, da das salzreichere Wasser spezifisch schwerer ist und in der Tiefe lagert. Die horizontale und vertikale Ungleichverteilung des Salzgehaltes der Ostsee ist ein sehr schwankendes, dynamisches System. Während festsitzende marine Organismen bei anhaltender Aussüßung des Ostseewassers sterben, können sich marine Fische Richtung Beltsee oder Nordsee zurückziehen. Auf Grund dieser Eigenschaften des Ökosystems Ostsee sind alle Beobachtungen Feststellungen des Augenblicks, jeden Monat und jedes Jahr kann es völlig anders sein!

# Optimale Ostseefotos

Es ist unter Fotografen beinahe eine Frage der Weltanschauung, Amphibienkameras oder Spiegelreflexkameras im Gehäuse zu bevorzugen. Die Stärke der Spiegelreflexkamera besteht vor allem darin, daß man das tatsächlich auf dem Film entstehende Bild im Sucher sieht und Bilder „komponieren" kann. Dazu kommt für nahezu alle Spiegelreflexkameras eine große Palette von Wechselobjektiven und – was in der Ostsee wesentlich sein kann – die Möglichkeit, relativ lange Belichtungszeiten vorzu-

*Steine sind oft von Tangen bewachsen. Dazwischen findet man allerhand kleine Tiere. Ein optimales Revier für Makro-Aufnahmen.*

wählen. Außerdem sind die Vorzüge von Autofocus und Motoraufzug zu erwähnen.
Nachteilig wirkt sich aus, daß Gehäuse im Vergleich zu Amphibienkameras voluminös und schwer sind. Will man alle Möglichkeiten von SLR-Gehäusen ausnutzen, muß man sich neben den fotografischen Fakten auch ein gewisses handwerklich-technisches Geschick aneignen. Um Objektive verschiedener Brennweiten auszutauschen, muß man oft auch diverse

Zahnräder und Adapter sowie den Frontport wechseln – was Ihren Abendbrottisch am Reiseziel leicht in eine Art Werkbank verwandelt. Eine für alle fotografischen Bereiche variable Spiegelreflex-Ausrüstung für den UW-Einsatz hat keinesfalls in dem Köfferchen Platz, das man als Handgepäck bei Flug- und Schiffsreisen bevorzugen würde.
Hinzu kommt das Problem der Frontscheibe: Für ein Spiegelreflexgehäuse wird ein zusätzliches optisches Element, die plane oder gewölbte Frontscheibe, in den Strahlengang des Lichtes gebracht. Dieses Glas verursacht – auch bei sorgfältigster Anpassung – eine nicht in jedem Falle deutlich sichtbare, aber im physikalischen Sinne garantierte Verschlechterung der Bildqualität. Schließlich haben die Ingenieure bei der Optimierung des SLR-Objektivs die Eigenschaften dieses Frontglases nicht einbeziehen können.
Zweifellos kann man sich hervorragende Kombinationen von Spiegelreflexkameras im Gehäuse mit diversen Blitzarmen und Blitzgeräten zusammenstellen. Falls es jedoch Schwierigkeiten gibt, haben Sie mit vielen Herstellern und Servicebetrieben zu tun, denn im Extremfall stammen Kamerabody, Objektiv, SLR-Gehäuse, Amphibienblitz oder Blitzgehäuse, Verkabelung und externer Belichtungsmesser von jeweils verschiedenen Herstellern. Dann ist Geduld vonnöten. Obendrein sind die Kosten für Spiegelreflexsysteme im Gehäuse wesentlich höher.

Demgegenüber wird die Lage bei der Nutzung von Amphibienkameras wesentlich übersichtlicher. Hinsichtlich Vertrieb und Service bekommen Sie es nur mit ein bis zwei Werkstätten zu tun. Eine ausreichend große Palette von Objektiven ist ebenfalls im Angebot. Darüber hinaus sind amphibische Objektive in ihren Abbildungsleistungen unübertreffbar, denn sie sind direkt für den Einsatz unter Wasser berechnet und konstruiert. Die Stärken der Amphibienkameras wie der Nikonos V, inklusive der von Fremdherstellern angebotenen Zubehörteile, liegen vor allem in der überragenden optischen Qualität und im vergleichsweise akzeptablen Preis. Die Qualität dieser Objektive ist so gut, daß beinahe alle Profis neben ihren Spiegelreflexkameras Amphibienkameras als Reserve mitführen und in bestimmten Aufnahmesituationen bevorzugen. Außerdem ist zu bemerken, daß das System

*Um Aufnahmen im Makro-Bereich zu machen, so wie von dieser Seescheide, braucht man Zwischenringe.*

Nikonos V weltweit am verbreitetsten ist. Falls ein Blitzgerät versagt oder ein Kamerabody ausfällt, haben Sie meist die Möglichkeit, durch Leihgeräte oder Nachkauf die fotografischen Erinnerungen an eine beeindruckende Reise dennoch zu sichern. Wenn an Ihrem Spiegelreflexgehäuse gravierende Fehler auftreten, ist oft Schluß.

Selbstverständlich haben auch Amphibienkameras Nachteile. Hauptfehler von Sucherkameras ist der Gestaltungsnachteil, den man durch den Parallaxenfehler externer Sucher in Kauf nehmen muß. Amphibienkameras müssen überaus sorgfältig gereinigt und gepflegt werden. Bei intensiv genutzten Kameras fallen jährlich Servicekosten an. Obendrein sind mittelgroße Objekte in mittleren Entfernungen nur schwer fotografierbar, weil für gute Ergebnisse die Entfernung ziemlich genau geschätzt werden muß.
Trotz dieser Minuspunkte sieht man auf Ostseetauchfahrten viele Amphibienkameras im Einsatz. Sie sind klein, leicht und

*Auf einen Meter Entfernung können Superweitwinkelobjektive mit einem Blitzgerät ausgeleuchtet werden.*

hinsichtlich der Bedienungselemente sehr übersichtlich. Vor allem dann, wenn man sich der Unterwasserfotografie nur an wenigen Wochenenden und im Urlaub widmet, kann man sich viel schneller und leichter in eine Amphibienkamera hineindenken als in ein kompliziertes Spiegelreflexsystem. Und das erscheint doch wesentlich: Mit einer für den Tauchgang voreingestellten Kamera können Sie auf einfache Weise höchst vorzeigbare Unterwasserfotos von Ihren Unternehmungen mitbringen.

Selbstverständlich können Sie mit allen Kameras auch die tollsten kreativen Experimente versuchen. Dieses und jenes wird gelingen, aber es entstehen auch zahlreiche Bilder zum Wegwerfen. Deshalb werden nachstehend Gerätekonfigurationen und Kameraeinstellungen vorgeschlagen, mit deren Hilfe eine hohe Wahrscheinlichkeit für gute fotografische Ergebnisse erreicht wird. Dabei ist es wie mit dem positiven Denken: Sie nutzen konsequent nur die vorteilhaften

Eigenschaften dieses Kamerasystems; Arbeitsmethoden mit relativ unsicheren Ergebnissen werden einfach ausgeklammert. Man kann das entweder phantasielos oder aber optimal nennen.

Sie kennen den Tauchplatz schon oder informieren sich bei Freunden, den Diveguides oder Tauchlehrern, was dort überwiegend zu sehen ist. Wesentlich ist die Information, ob handgroße und kleinere Organismen, mittlere Pflanzen und Tiere (etwa 20 bis 60 Zentimeter Größe) oder ein Wrack den Hauptakzent der Beobachtungen setzen werden. Das wird man meistens vor dem Tauchgang in Erfahrung bringen. Nunmehr treffen Sie die Entscheidung, die Kamera für Makro-Aufnahmen, mittlere oder große Fotoobjekte einzurichten. Die Ausrüstung wird entsprechend den nachfolgenen Beschreibungen konfiguriert, und Sie sind damit auf einen bestimmten Bildausschnitt und eine bestimmte Motivgröße festgelegt. Aber Sie können auch die unschätzbare Bildqualität amphibischer Objektive und eine genau definierte Schärfeebene für sich verbuchen.

Sie wissen, daß Sie überwiegend kleine Motive antreffen werden. Das können in der Ostsee Seepocken, Muscheln, Stichlinge, Seenadeln und die zahllosen, höchstens handgroßen Bewohner von Muschelbänken und Seegraswiesen sein. Sie nehmen zum Beispiel die Nikonos V zur Hand und montieren einen der Zwischenringe von Sea & Sea für die Maßstäbe 1:1; 1:2 oder 1:3. Bei 1:1 sind Sie auf bis 3,5 Zentimeter große Objekte, bei 1:2 auf etwa 7 Zentimeter große Objekte, bei 1:3 auf bis zu 10 Zentimeter große Fotomodelle festgelegt. Obwohl das Bildfeld infolge der Objektfeldbegrenzungen am Distanzstab feststeht, sind Ihre Gestaltungsmöglichkeiten keinesfalls auf „genau passende" Organismen eingeengt. Schließlich sind Abbildungen aller möglichen Details ebenso möglich wie in den Rahmen passende Porträts deutlich größerer Tiere.
Nach Montage des Zwischenringes setzen Sie das UW-35-mm-Objektiv an. Die Entfernungeinstellung drehen Sie auf Minimum = 80 Zentimeter und lassen die Einstellung unverändert. Nun wird das Distanzstäbchen montiert. Am Zeitenrad stellen Sie 1/60 s als sichere Synchronzeit ein. Günstig ist die Verwendung eines 100-ASA-Filmes. Beim Blitzen aus nächster Nähe werden die Motive mit der korrekten Einstellung häufig überblitzt.

Deshalb nehmen Sie schon jetzt an Land eine Minuskorrektur vor, indem Sie bewußt eine „falsche" Filmempfindlichkeit einstellen. Bei Verwendung kleiner Blitze (SB 105 / YS 60 u.ä.) stellen Sie 166 ASA ein, bei Einsatz großer Blitze (SB 104 / YS 300 u.ä.) 166 bis 200 ASA.
Das Blitzgerät setzen Sie auf einen winzigen Blitzarm namens Hotshoe, der wiederum im Geräteschuh auf dem Kamerasucher befestigt wird. Nunmehr neigen Sie den Blitz so, daß das Bildfeld zwischen den Begrenzungsstäbchen garantiert voll beleuchtet wird. Falls das per Augenmaß schwierig ist, kann man an Land einen Stab oder ein Lineal daran halten.

Letzte Kontrolle: 100er Film eingelegt, Filmempfindlichkeitsrad auf 166-200, Zeitenrad auf 1/60, Entfernung am Objektiv auf Minimum, Blitz ein auf TTL-Funktion – und schon kann der Tauchgang beginnen. Sie beginnen bei Blende 22 zu fotografieren und prüfen an der TTL-Kontrollampe des Blitzgerätes, ob die Blitzleistung für das Motiv ausreicht. Wenn nicht, öffnen Sie stufenweise die Blende, aber spätestens bei Blende 11 bekommen Sie o.k. angezeigt.
Bei dieser Art der Fotografie ist eindeutig, wie groß der Bildausschnitt ist und daß die absolute Schärfeebene im Rähmchen liegt.
Die ganze Kunst besteht nun darin, das gewünschte Fotomotiv so im Makro-Rähmchen zu plazieren, wie Sie sich Ihr Bild wünschen. Auf Grund der geringen Schärfentiefe bei Makroaufnahmen können nicht alle Bildteile gleich scharf abgebildet werden. Ihr Foto wirkt subjektiv scharf und brillant, wenn das Auge des abgebildeten Tieres oder andere bildwichtige Strukturen, wie etwa eine Muschel im Seegras-Dschungel oder die Blüte einer Wasserpflanze perfekt in der Schärfenebene liegen. Sie müssen einfach das bildwichtige Detail bestimmen und die Kamera so halten, daß die gedachte Fläche zwischen den Formatstäbchen dieses Detail schneidet.
Der häufigste Fehler besteht darin, daß die Kamera schräg von oben auf ein Objekt gehalten wird, was eine zwar scharfe, aber nicht so attraktive Draufsicht ergibt. Insbesondere wenn kleine Fische oder wirbellose Tiere fotografiert werden, sollte die Kamera horizontal über den waagerechten Boden oder sogar von unten nach oben fotografierend ans Foto-Objekt heranbe-

*Für mittelgroße Foto-Objekte, wie zum Beispiel größere Krabben, kann ein Nahaufnahmevorsatz verwendet werden.*

wegt werden. Versuchen Sie beim Fotografieren niemals den Distanzstab aufzusetzen, denn auf Grund der Hebelwirkung wird das Objektiv angekippt, und die Kamera kann undicht werden.
Mit dieser Art der Rähmchenfotografie können Sie phantastische Bilder von kleinen Objekten quasi „aus der Hüfte" schießen. Spätestens beim dritten Film ist das Routine. Bei exaktem Vorgehen sind Unschärfen und grobe Fehlbelichtungen nahezu ausgeschlossen.
Sofern Sie sich anstelle des Originaldistanzstabes beim Mechaniker um die Ecke eine Gabel anfertigen lassen, die die horizontale Mittellinie des Bildfeldes andeutet, können Sie auf Grund des verringerten Staudruckes vor der Gerätschaft auch sehr scheue Organismen ablichten.

Zahlreiche Ostseefische von der Flunder bis zum Dorsch, vom Aal bis zum Zander werden Sie als mittelgroße Objekte treffen, die der Einfachheit halber als etwa handgroß bis maximal 60

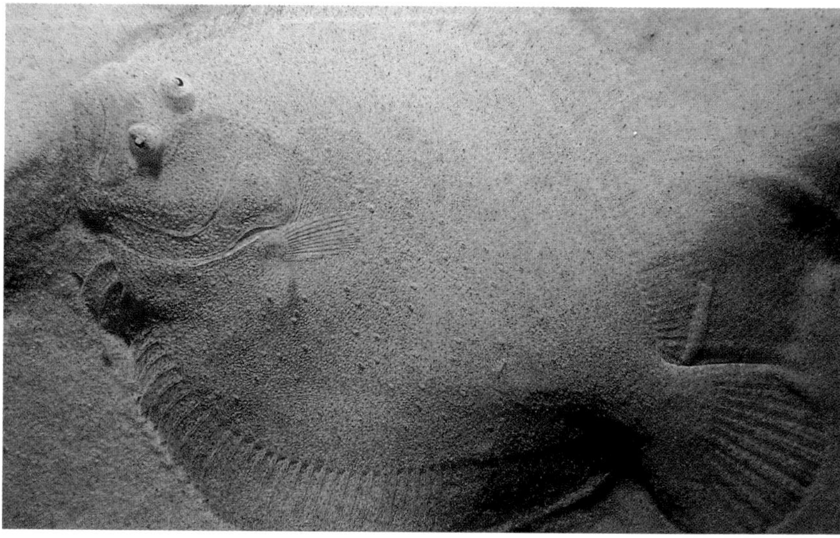

*Mit der richtigen Ausrüstung und mit etwas Erfahrung kann man auch nachts wunderbare Fischbilder schießen.*

Zentimeter lang “klassifiziert” werden. Mittelgroße Foto-Objekte in mittleren Entfernungen um einen Meter sind bei der Nikonos eigentlich der Problemfall Nummer eins, denn Sie müßten hier einen neigbaren externen Sucher exakt einstellen und zudem die Entfernung perfekt schätzen.
Diesen diffusen Ärger mit zweifelhaften Ergebnissen vermeidet man, indem vor das wahlweise W-Nikkor 35 mm oder UW-Nikkor 28 mm der Nikonos-Nahaufnahmevorsatz montiert wird. Nunmehr ist der mögliche Bildausschnitt wieder genau festgelegt, und die Ebene der absoluten Schärfe steht auch fest. Sie befinden sich auf bekanntem „Gelände“, stellen an der Kamera für einen 100-ASA-Film 166 bis 200 ASA als Minuskorrektur ein, verwenden 1/60 Sekunde Synchronzeit und beginnen bei Blende 22 zu arbeiten. Einziger Unterschied: Bei den Sea & Sea-Zwischenringen hatten Sie das Basis-Objektiv auf Minimum (0,8 Meter) eingestellt, für den Nikonos-Nahaufnahmevorsatz muß das Basis-Objektiv auf ∞ (unendlich) gestellt und so belassen werden. Wiederum ist alles eindeutig:

Ihr Fotomotiv muß mit den bildwichtigen Details in jener Fläche liegen, die vom Peilrahmen umschlossen wird. Bei Tieren sollte dies das Auge sein, bei Pflanzen, Algen, Muschelbänken oder anderen kleinen Lebensräumen obliegt das Ihrer Bildgestaltung.
Hinsichtlich des Blitzes beginnen Sie wiederum auf TTL-Stellung bei Blende 22 zu fotografieren und öffnen die Blende (16 bis 11, eventuell 8) während der ersten Fotos soweit, daß die Kontrollampe des Blitzes o.k. anzeigt. Das heißt, die abgegebene Lichtmenge reicht aus. Sofern Blitze ohne TTL-Steuerung verwendet werden, gelingen bei diesen vorgegebenen Aufnahmedistanzen Fotos bei Blende 22 und 16 sowie Vollast des Blitzes am besten.

Es ist keine Frage, daß Sie beim Einsatz des Nahaufnahmevorsatzes wiederum auf ein bestimmtes Bildfeld festgelegt sind und ein Spiegelreflexfotograf wesentlich mehr Möglichkeiten hat, verschieden große Objektive passend ins Bild zu setzen. Hier müssen Sie konsequent den Vorteil wahrnehmen, daß man bei der Peilrahmenfotografie über die Kamera hinwegschaut und den Lebensraum im Ganzen viel besser überblickt als ein Fotograf, der ständig in einen kleinen, dunklen Sucherschacht eines SLR-Gehäuses hineinschaut. Sie suchen sich konzentriert die passenden Motive. Kleinere Organismen, die in den Peilrahmen passen, werden im Ganzen fotografiert, von wesentlich zu großen Tieren gestaltet man geschickte Detailaufnahmen oder eindrucksvolle Porträts. Verzichten Sie auf Ansichten, die weder Porträt noch Totale sind, zum Beispiel auf den Fisch, der – mit fotografisch „abgeschnittener" Schwanzflosse – gerade so in den Rahmen paßt und ähnliches. Bei Tage liegt das Anwendungsgebiet dieser sogenannten Close-up-Fotografie eindeutig bei relativ stationären Objekten, in der Ostsee zum Beispiel der von Schnecken besetzte Blasentang, die von Wirbellosen besiedelte Seegraswiese, ein Ausschnitt einer Muschelbank mit Grundel oder auch ein träger Seeskorpion. Bei Tageslicht lassen sich mit Hilfe der Close-up-Linse und des Originalpeilrahmens oft nur träge Grundfische fotografieren, nachts kommen Sie an viel mehr Arten heran. Beim Nachttauchen können Sie die relativ kompakte Gerätschaft genauso wie bei Tageslicht benutzen, nur daß Sie natürlich ein

*Unterwasserlandschaften lassen sich nur bei Einsatz eines 15-mm-Superweitwinkelobjektivs in guter Qualität abbilden.*

kleines Pilotlicht zum Aufsuchen Ihrer Motive benötigen. Der Lichtkegel des Pilotlichtes wird dann auf die untere Hälfte des Rahmensuchers fest eingerichtet, und schon kann die nächtliche Fischjagd beginnen. Es ist praktisch, dieses Pilotlicht auf einem kleinen Kugelgelenk neben der Kamera zu plazieren, um die Ausrichtung des Lichtes leicht korrigieren zu können. Bei der Close-up-Fotografie sind Sie nahe dran am Fisch. Wenn Sie das Tier nicht vor Aufflammen des Blitzes verscheuchen wollen, genügt ein Pilotlicht mit einer Leistung von 5 bis 10 Watt.
Einige besonders scheue und flach am Grund liegende Fische lassen sich mit dem Original-Nahaufnahmeansatz nicht porträtieren. Der Grund: Sie müßten ja den Distanzstab und die untere Kante des Rahmens in den Boden rammen, um einen vernünftigen Bildausschnitt zu erhalten. Außerdem reagiert ein Teil der Fische mit Flucht, wenn der relativ massive Distanzstab angenähert wird und einen Staudruck verursacht, den die Fische über ihr Seitenlinienorgan wahrnehmen. Hier empfiehlt es sich, auf die optisch ausgezeichnete Close-up-Linse einen

Adapterring vom Mechaniker aufzusetzen, an den wesentlich feinere Peilstäbe angebracht werden. Diese Peilstäbe können wahlweise die Ecken des Bildfeldes oder die horizontale Mittellinie des Bildausschnittes markieren. Mit dieser Konstruktion, die bei langsamer Annäherung kaum Staudruck verursacht, können Sie auch die scheuesten Fische leichter porträtieren als mit jeder Spiegelreflexkamera im Gehäuse.

Als große Motive sollten Sie Ausschnitte von Unterwasserlandschaften, metergroße Fische, Ihren Tauchpartner, Wracks und Kombinationen davon einschätzen. In warmen Meeren oder Karstquelltöpfen würde es genügen, wenn Sie sich mit dem UW-28-mm-Objektiv an der Amphibienkamera einfach so weit vom Motiv entfernen, bis alles ins Bild paßt. In der Ostsee hingegen haben Sie oft trübstoff- und planktonreiches, dunkles Wasser. Auch an große Motive müssen Sie so dicht wie möglich heran, um die Bildqualität im Rahmen zu halten. Deshalb hilft hier nur der Einsatz von Superweitwinkel-Objektiven oder Fisheyeobjektiven weiter.

Es ist im Ostseewasser bedeutungslos, ob Sie sich für das UW-Nikkor-15-mm oder das Objektiv von Sea & Sea entscheiden. Beides sind vorzügliche Objektive, wobei das Sea & Sea-Objektiv kleiner, leichter und preiswerter ist. Viel wesentlicher als der Objektivhersteller ist die Verwendung eines externen Suchers, um das Fotomotiv anzupeilen. Wer durch den kameraeigenen Sucher blicken will, hat nicht die geringste Chance zu beurteilen, was das verwendete 15-mm-Objektiv alles abbilden wird. Deshalb montieren Sie einen der zahlreichen angebotenen externen Sucher auf den Geräteschuh der Kamera, und schon läßt sich das Bild besser gestalten. Am praktischsten sind Sucher, die sich mittels eines kleinen Drehknopfes neigen und damit auf die gerade erforderliche Motiventfernung einstellen lassen. Hierbei halten sich Parallaxenfehler und Fehlurteil in Grenzen.

Einzelmotive wie etwa den großen Dorsch zwischen Felsen oder eine superlange Aalmutter vor Seegras blitzen Sie einfach aus. Dazu steht bei 100er Film die Filmempfindlichkeit minuskorrigiert bei etwa 166 bis 200, das Zeitenrad auf Auto, das

Blitzgerät auf TTL. Wenn Sie Ihr Fotomotiv entdeckt haben, stellen Sie - möglichst noch auf Abstand bedacht - am Objektiv die Wunschentfernung ein, neigen den Sucher auf dieselbe Entfernung und schwimmen gut austariert Ihr Motiv an. Sobald Sie den geschätzten Abstand erreicht haben, wird das Motiv wie gewünscht im Sucher plaziert und abgedrückt. Falls es ein sehr seltenes Motiv ist, können Sie Varianten mit verschiedenen Minuskorrekturen (Empfindlichkeitseinstellungen von 133 bis 233) bei Verwendung von 100-ASA-Filmen schießen. Sofern das „Model" mitspielt, können Sie auch näher herangehen, wobei aber die Entfernungseinstellungen an Objektiv und Sucher nachkorrigiert werden müssen. Hinsichtlich des Entfernungsschätzens müssen Sie nicht auf Unterwasserverhältnisse umdenken, denn die Skalierung echter Unterwasserobjektive ist als die von Ihnen wahrgenommene „scheinbare" Entfernung aufgetragen. Im Gegensatz zu 35 / 28-mm-Objektiven wirken sich geringfügige Fehler beim Schätzen der Entfernung kaum negativ aus, weil das 15 mm Objektiv bauartbedingt eine sehr große Schärfentiefe erzeugt.

Auch in der Ostsee sind Mischlichtfotos die hohe Schule der Unterwasserfotografie. Mischlicht bedeutet, daß im Vordergrund oder einem Bildteil eine vom Blitz perfekt beleuchtete Unterwasserszene – etwa Taucher betrachtet einen Steinbutt – dominiert, während im Hintergrund vom Tageslicht erhellt die Wasserfarbe, weitergehende Seegraswiesen oder sogar im Gegenlicht herannahende Tauchkameraden zu sehen sind.
Derartige Fotos hängen sehr stark von dem Tauchkameraden respektive Models ab, die Ihr beabsichtigtes Bild verstehen und sich alle Mühe geben, „mitzuspielen". Derlei Bilder sind meist sorgfältig gestellt beziehungsweise erfordern auch bei eingespielten Teams sekundenlange Handzeichen. Perfekte Tarierung ist dabei Grundlage.
Als Fotograf haben Sie folgendes zu tun: Sie richten die Entfernungseinstellung und Sucherneigung auf das anzublitzende Hauptmotiv ein, ebenso die Blitzeinstellung. Mittels eines externen Belichtungsmessers ermitteln Sie die aus dem natürlichen Umgebungslicht resultierende Zeit-Blenden-Kombination. In mäßigen Ostseetiefen stellen Sie oft Blende 5.6 bei 1/60 oder 1/30 s Belichtungszeit fest. Diese lange

*Beispiel für ein Falschfoto: Ein Fisheye-Objektiv kann mit nur einem Blitz nicht mehr ausgeleuchtet werden.*

Belichtungszeit stellen Sie am Zeitenrad ein – andernfalls würde auf „A" die Blitzsynchronzeit von 1/90 s eingesteuert und Ihr Vorhaben zunichte gemacht.

Nun blenden Sie für Ihr Vordergrundmotiv noch eine Blende stärker ab, als die Meßgeräte anzeigten. Das bedeutet: Bei Meßwert 1/30 s Blende 5.6 fotografieren Sie mit 1/30 s Blende 8 und TTL-Blitzsteuerung inklusive eine Blende Minuskorrektur (Filmempfindlichkeitsrad auf 200 bei 100er Film).

Diese Einstellungen bewirken folgendes: Das angeblitzte Vordergrundmotiv wird auf Grund der Minuskorrektur farbdicht und völlig scharf abgebildet. Die 1/30 s Belichtungszeit kann keine Verwacklungsunschärfe bewirken, weil im geblitzten Vordergrund ja nur die Blitzleuchtdauer von etwa einer 1/5000 Sekunde wirksam wird. Der Hintergrund jedoch, den Sie ohnehin leistungsmäßig nicht ausblitzen können, zeigt auf Grund der relativ langen Belichtungszeit den Lebensraum oder die Wasserfarbe im mehr oder weniger düsteren Ostseelicht.

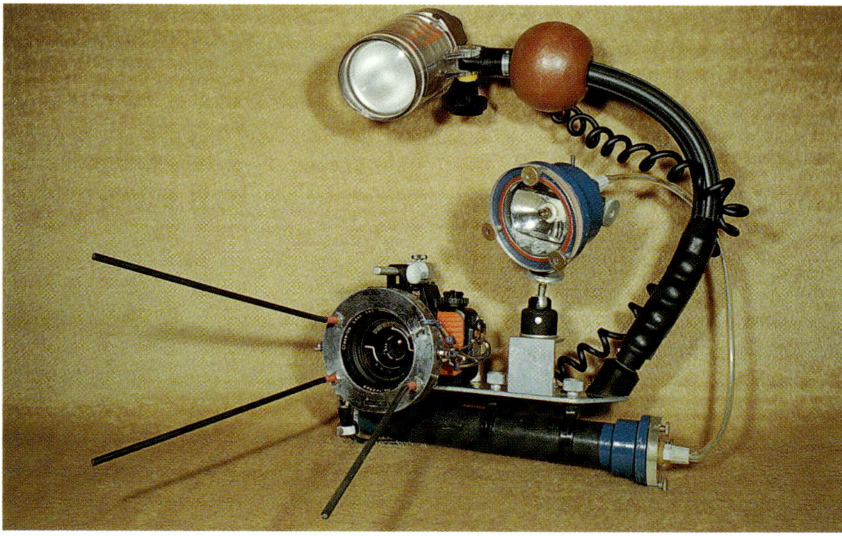

*Mit veränderten Peilstäben und Pilotlicht läßt sich die ausgezeichnete Close-up-Linse auch nachts für Fischporträts verwenden.*

Bei der Arbeit mit der Amphibienkamera und Superweitwinkelobjektiven ist es notwendig, den externen Sucher auf das bildwichtige Hauptmotiv oder die Motivgruppe einzustellen. Wenn dann weit im Vordergrund befindliche oder scheinbar am oberen (hinteren) Bildrand befindliche Motive mit einbezogen werden, spricht man von einer perspektivischen Staffelung. Auf Grund des Parallaxenfehlers zwischen Objektiv und Sucher „sieht" die Kamera ganz dicht im Vordergrund wie auch im Hintergrund einen etwas anderen Bildausschnitt als der Fotograf im Sucher. Deshalb ist es sicherer, die bildwichtigen Motive in einer bestimmten Entfernung oder Bildebene zu konzentrieren und auf komplizierte Staffelungen zu verzichten. Der Versuch, ganz vorn am Bildrand einen ruhenden großen Fisch ins Bild zu nehmen, im Mittelfeld einen schwebenden Taucher festzuhalten und im Gegenlicht ganz weit hinten oben weitere absteigende Taucher einzufangen, führt bei Verwendung externer Sucher unweigerlich zu höchst ungünstig angeschnittenen Motiven im Vorder- oder Hintergund. Komplizierte

Bildstaffelungen erfordern große Erfahrungen; hier liegt die Domäne einer Spiegelreflexkamera im Gehäuse.

Um schwierige, große und sehr komplexe Orte und Geschehnisse abzubilden, eignet sich bei der nur mäßigen Ostseetransparenz ein Fisheye-Objektiv am besten. Die 12-mm-Optik der Firma Sea & Sea hat einen diagonalen Bildwinkel von 167 Grad. Dies bewirkt unter anderem, daß man einen voll ausgerüsteten Taucher bereits ab 30 Zentimeter Abstand auf den Film bannen kann. Bereits mit zwei bis drei Meter Abstand lassen sich mit einem solchen Superobjektiv größere Abschnitte eines Wracks erfassen, auf dem sich mehrere Taucher aufhalten. Die Schärfentiefe dieses Objektives ist so groß, daß bei den meisten Blenden eine Scharfzeichnung von 0,6 Meter bis unendlich (•) erreicht wird. Das 12-mm-Objektiv bildet verglichen mit dem 15-mm-Superweitwinkelobjektiv etwa die vierfache Fläche ab. Diese „Wahnsinnsdaten" machen es aber nicht zum Allrounder für alle Gelegenheiten, denn sehr kleine Foto-Objekte verlieren sich im Nichts, und zu nahe am Objektiv befindliche Personen werden grotesk verzeichnet.
Somit eignet sich das 12-mm-Fisheye vor allem für Fotos von Landschaften, von Tauchergruppen bei Ausbildungmaßnahmen und am besten für die Wrackfotografie. Auf jedem Fisheye-Foto kann auf unliebsame Weise mehr zu sehen sein, als Sie abbilden wollten, denn der zugehörige Sucher zeigt nur 150 Grad von den 167 Grad des diagonalen Objektivöffnungswinkels. Deshalb empfiehlt es sich bei Fisheye-Aufnahmen, die abzubildende Szenerie als Gesamtbild genau zu beobachten und konzentriert am Rand angeschnittene Gegenstände ins Bild hineinzunehmen oder völlig „wegzurücken".

Ein Fisheye-Objektiv mit einem einzelnen Blitz ausleuchten zu wollen, ist unmöglich, auch mit dem vielbeschworenen entfesselten Blitzen ist in der dunklen Ostsee keine wesentliche Verbesserung zu erzielen. Häufig führen sogar zwei Blitzgeräte zu einer unvollkommenen Ausleuchtung und zur Betonung von Schwebeteilchen.
Deshalb ist es viel wirksamer, den Blitz auszuschalten und das Zeitenrad auf „A" zu stellen. Außerdem muß beim Arbeiten ohne Blitz das Rad der Filmempfindlichkeit auf dem richtigen

Wert oder höchstens 1/3 Blende Minus (133 ASA bei 100er Film) stehen. Wenn der Blitz abgeschaltet ist, steuert der Quarzoszillator der Nikonos V nicht die Blitzsynchronzeit, sondern die absolut richtige Belichtungszeit zur eingestellten Blende ein. Und das gelingt mit traumhafter Sicherheit.
Sicher wird die Blende relativ weit geöffnet werden müssen, da im dunklen Ostseewasser bei dieser Art der Fotografie verhältnismäßig lange Belichtungszeiten entstehen. Dafür treffen die entstandenen Bilder in frappierender Weise genau den Eindruck, den Sie live auf dem betreffenen Tauchgang hatten. Halten Sie bei Langzeitbelichtungen den Auslöser so lange gedrückt, bis der Verschluß hörbar wieder schließt. Bei diesen langen Belichtungszeiten ohne Blitzlicht im Vordergrund existiert durchaus die Gefahr der Verwackelung. Deshalb sollte man die Kamera für solche Bilder irgendwo aufsetzen, etwa auf der Reling eines Wracks oder ähnlichem. Wenn Ihre Tauchpartner oder Fotomodels mit einer leuchtenden Lampe in der Hand bestimmte Wrackteile oder Regionen betrachten, entstehen durch Langzeitbelichtungen ungemein düster schöne, sehr „echt" wirkende Fotos.
Das Fisheye-Objektiv sorgt sogar für subjektiv klares Wasser, wenn Sie nicht blitzen. Der riesige Öffnungswinkel bewirkt natürlich eine relative Verkleinerung aller Bildteile, unter anderem auch eine 600fache Verkleinerung von Schwebeteilchen und Trübstoffen. Und schon wirkt das Wasser auf dem sorgfältig erarbeiteten Foto viel klarer, als es wirklich war. Zauber der Physik!
Zusammenfassend läßt sich sagen, daß Sie die Langzeitbelichtungen auf Position „A" selbstverständlich auch mit dem 15er Objektiv erfolgreich praktizieren können. Die perfekte Mischung von per Blitz aufgehellten detailreichen Wrackfotos und „Reality-Pictures" Ihres Tauchganges erhalten Sie dann, wenn Sie mit dem 15er in Doppelblitztechnik und dem 12er ohne Blitzlicht arbeiten.
Die vorstehend beschriebenen Fotopraktiken sind ein kleiner Ausschnitt aus den Möglichkeiten des Systems Nikonos V. Zugleich sind diese Zeilen eine Fotoanleitung, die die Stärken dieses Kamerasystems konsequent ausnutzt und die Schwächen durch den Einsatz von Zubehör weitgehend eliminiert.

# Vernünftiges Ostseetauchen

Das Tauchen in der Ostsee stellt an die Fähigkeiten und Technik des Tauchers oftmals höhere Anforderungen als es in warmen, klaren Meeren oder in transparenten Binnenseen der Fall wäre. Die Ostsee ist meist relativ trüb und kalt, die Wellen sind kurz und steil. Wetterumschwünge passieren kurzfristig und können das Tauchen verhindern.

*Mit der richtigen Ausrüstung und Ausbildung sowie entsprechenden Insider-Tips sind in der Ostsee sehr abwechslungsreiche Tauchabenteuer möglich.*

Für das Ostseetauchen ist gute körperliche Fitneß unerläßlich. Aber auch mental stabil muß man für das anstrengende Tauchen bei oft niedrigen Wassertemperaturen sein, um eventuell Streßsituationen meistern zu können. Erfahrene Tauchlehrer sagen zu Recht, sicheres Tauchen beginne im Kopf. Anders als etwa am Mittelmeer oder in tropischen Gefilden gibt es an der Ostsee sehr selten die Möglichkeit, Tauchgangsplanung und -führung einem mit den örtlichen Bedingungen vertrauten Guide zu überlassen und diesem einfach zu folgen. Beim selbständigen Tauchen vom Ufer aus müssen Sie ohnehin Ihre Technik, Ihre

Fähigkeiten, aber auch Wetter, Wind und Wellen selbst einschätzen. Die Crews vieler Ostseetauchschiffe erwarten von vornherein von den Tauchern, daß sie sicher und selbständig tauchen, sich beispielsweise an der Bojenleine zum Wrack einfach herablassen und sich bis zur Rückkehr an Bord eigenständig um ihren Tauchgang kümmern.

Die einfachste Übung sind Tauchgänge bis zehn Meter Tiefe, wo das Wasser bei Tageslicht noch relativ gut durchlichtet ist.. Ihre ersten Ostseetauchgänge sollten Sie in diesem Bereich durchführen, auch unter ungünstigen Bedingungen: bei nur ein bis zwei Meter Sicht, bei Nacht, bei Strömung und hohem Wellengang. Gehen Sie außerdem alle Sicherheitsübungen wie Maskenwechsel, Wechsel der Automaten beziehungsweise echte Wechselatmung durch, bis sie einwandfrei funktionieren. Erst wenn Sie sich in diesem Bereich völlig wohl und sicher fühlen, sollten Sie sich mehr vornehmen. Entscheiden Sie selbst, was Sie sich zutrauen, und lassen Sie sich von Dritten nicht zu Unternehmungen überreden, für die Sie sich vielleicht noch nicht sicher genug fühlen.

Die zweite Stufe ist der Bereich von zehn bis 40 Meter Tiefe. Dabei tauchen Sie sowohl vom Ufer als auch von Schiffen aus, lernen die Wetterunbilden der Ostsee, Wellengang, Strömungen, Sprungschichten, verschiedene Sichtweiten und letztendlich auch dekopflichtige Tauchgänge kennen. Nach wie vor konzentrieren Sie sich ausschließlich auf Ihren Tauchgang, den mittauchenden Partner und darauf, was es in Ihrer Umgebung Interessantes zu beobachten gibt.

Der dritte Schwierigkeitsgrad ist erreicht, wenn Sie unter Wasser mehr tun als nur tauchen. Beim Fotografieren, Video drehen und als Modell oder Beleuchter, aber auch während gezielter Erkundungen wird Ihre Aufmerksamkeit neben dem Tauchen an sich zusätzlich beansprucht. Deshalb sollten Sie sich, bevor Sie sich derlei Arbeiten widmen, in zehn bis 40 Meter Tiefe unter allen Bedingungen absolut sicher bewegen können. Alle mit dem Tauchgang zusammenhängenden Handlungen müssen so selbstverständlich, automatisch und dennoch kontrolliert ablaufen wie normalerweise das Autofahren.

*Die Seeskorpione leben meist in der Algenzone und brauchen einen Mindestsalzgehalt von sechs Promille.*

Extremtauchen in Tiefen über 40 Meter und das Einsteigen in Wracks erfordert. eine spezielle Ausrüstung, viel Erfahrung und große Atemgasvorräte. Hier sollte nur ein Drittel des Atemgasvorrates für den Vorstoß verwendet werden, um Reserven zu haben. Außerdem wäre es gewagt, mit neuen Tauchpartnern, deren Nervenstärke und Leistungsfähigkeit man noch nicht einschätzen kann, Tauchgänge dieser Art zu unternehmen.

Zweifellos ist es möglich, auch mit Preßluft 60 bis 80 Meter tief zu tauchen. Das ist jedoch in hohem Maße eine Frage des Trainings, der Selbsteinschätzung und der Tagesform! Preßluftabstiege in solche Tiefen sollten vorher eindeutig als Soloabstiege geplant und abgesprochen werden, auch wenn man zeitgleich mit einem anderen Taucher absteigt. Mit solchen Vorhaben befindet man sich jenseits dessen, was als Sporttauchen gilt.
Wenn ein Tieftaucher aus irgendeinem Grund Hilfe braucht,

seinen Gasvorrat aber fast verbraucht hat, bringt sich derjenige, der ihm zur Hilfe kommt, selbst in größte Gefahr. Denn ein Aufstieg mit ausreichender Luft ist dann nicht mehr garantiert. Jeder ist für sein eigenes Tun verantwortlich. Schon Platon sagte: Wer so hoch spielt, mit sich selbst als Einsatz, soll auf Gefährten nicht rechnen.

Die Ostsee ist kalt, und mit Naßanzügen kann man höchstens von Juli bis September tauchen. Trockentauchen ist dagegen nahezu ganzjährig zu empfehlen. Welcher Trocki der richtige ist, läßt sich jedoch nicht so leicht beantworten.
Die aus kunststoffbeschichtetem Gewebe bestehenden Membran-Trockentauchanzüge haben den Vorteil, daß sie leicht zu reinigen, zu trocknen und zu reparieren sind. Außerdem benötigt man weniger Blei. Beschädigt man diesen Trocki allerdings und bricht Wasser ein, wird es gnadenlos kalt, und der Anzug bringt keinerlei Restauftrieb.
Neopren-Trockis haben ein größeres Packmaß und erfordern viel mehr Gewicht. Der Anzug ist angenehm zu tragen und hält warm. In Notsituationen an der Wasseroberfläche hat der Neoprentrocki selbst einen starken Auftrieb. Obwohl Neopren-Trockis mühsamer anzuziehen und schwerer zu reparisind, bieten sie, im Gegensatz zum Membrananzug, eine eventuell lebensrettende Sicherheitsreserve, denn bei einem Wassereinbruch kühlt er erst nach längerer Zeit aus.

Obwohl man beim Tauchen natürlich einerseits stets einen „kühlen Kopf" bewahren sollte, ist andererseits die Isolation des Kopfes sehr wichtig. Etwa ein Drittel der beim Tauchen verlorenen Wärmemenge wird allein über Kopf und Gesicht abgegeben. Hat man selbst den Eindruck, daß es am Kopf rasch kalt wird, sollte man auf ähnlichen Tauchgängen eine Eishaube oder auch zwei Neopren-Kopfhauben übereinander tragen. Dabei ist auf die richtige Größe zu achten. Eine zu große Haube verfehlt ihre Wirkung ganz und gar, bei einer zu kleinen Haube fühlt man sich leicht beengt und verspürt einen Druck auf den Hals. Das darf nicht sein.

Das Tragen von Handschuhen ist unbedingt notwendig, um die Ausrüstung sicher bedienen zu können. Vor Kälte steif

*Vollgesichtsmasken sind zwar gewöhnungsbedürftig, aber dafür schützen sie den Kopf bei kalten Wassertemperaturen besser vor Auskühlung.*

gewordene Finger sind sehr gefährlich! Es steht Ihnen frei, ob Sie nasse Drei- oder Fünffingerhandschuhe verwenden oder Trockenhandschuhe bevorzugen. Für die Trockenhandschuhe wurden in letzter Zeit leicht verschließbare Kupplungsstücke auf den Markt gebracht. Bei Berufstauchern und einigen Fotografen ist für diffizile Einstellungen oder Montagen unter Wasser Fingerspitzengefühl nötig. Dafür reicht es, die Fingerspitzen von Daumen und Zeigefinger eines Fünffingerhandschuhs zu kappen. Wenn diese Handschuhe dicht anliegen und der Taucher Kopf und Körper warmhält, wird es auch an den bloßen Fingerspitzen nicht ernsthaft kalt.

Eine Maske sollte im Trockenzustand bei leichtem Einatmen ohne Verwendung des Maskenbandes am Gesicht haften bleiben. Für tiefe Ostseetauchgänge ist es empfehlenswert, eine Reservemaske mitzuführen. Falls ein Maskenband reißt und die Maske in den rostigen Winkeln eines Wracks verschwindet, kann man das gute Stück mit Hilfe einer Reservemaske vielleicht

*Geschmückt mit Sauerstoffblasen aus der Photosynthese wiegen sich diese Tange in der Dünung.*

sogar bergen. Eine Vollgesichtsmaske isoliert den Kopf besser und erhöht die Sicherheit, denn bei einer kurzzeitigen Ohnmacht würde der Taucher keinesfalls den Automaten verlieren. Allerdings ist es beim Benutzen von Vollgesichtsmasken Pflicht, eine Reservemaske mitzuführen. Der Grund dafür ist ganz einfach: Wenn man Schwierigkeiten mit dem integrierten Automaten bekommen sollte und deshalb auf den Zweitautomaten wechseln muß, wäre ohne Reservemaske die Sicht dahin.

Falls tiefe Tauchgänge in der Ostsee geplant sind, ist es sehr zu empfehlen, einen kompletten zweiten Automaten mitzuführen, der an ein Doppelventil mit getrennten Abgängen geschraubt ist. Viele Tauchbasen wünschen ausdrücklich die Verwendung des Oktopus. Schwachpunkt des Systems ist mit 95prozentiger Wahrscheinlichkeit die erste Stufe. Sie kann einfrieren. Bei einer Luftlieferleistung für zwei aufgeregt atmende Taucher und vier Tariersysteme (zwei Trockenanzüge, zwei Jackets) kann sie leicht überfordert sein. Das ist auch bei sogenannten Hochleistungsautomaten der Fall. Bei beiden Tauchpartnern je zwei komplette Automaten sind ein echtes Sicherheitsplus!

Von Modell zu Modell verschieden, kann man bis etwa 20 Meter Tiefe allein mit dem Trockentauchanzug tarieren. In Falle eines Defektes, eines Risses, einer unerwartet umschlagenden Dichtmanschette und ähnlichem hat man nur im Neopren-Trocki Auftriebsreserven. Mit einem reinen Trocki zu tauchen, ist deshalb nur in äußerst geringen Tiefen bei Strömung sinnvoll. Ohne Jacket verringert sich dann der Strömungswiderstand erheblich.
Für jeden „normalen" Ostseetauchgang ist unbedingt der Einsatz eines Jackets oder einer Rettungsweste als zweites Tariermittel anzuraten. Das Tauchen wird im Falle eines Defektes sicherer. Darüber hinaus ist es komfortabler, die für neutralen Auftrieb nötige Luft teils in den Trockentauchanzug, teils ins Jacket strömen zu lassen, so daß kein lästiger Druck auf der Halsmanschette des Trockis lastet. Rettungswesten sind an der Wasseroberfläche wesentlich ohnmachtssicherer als Jackets, aber meist wird bei der Verwendung der spöttisch als „Klodeckel" titulierten Westen der Inflator des Trockis verdeckt oder ist schlecht zu bedienen.

Schnorchel gehen, ob Sie neben dem Messer, im Gürtel, in Jackettaschen oder speziellen Schellen stecken, häufig verloren. Obwohl Fotopäpste den permanent an der Maske befindlichen Schnorchel für eine ästhetische Entgleisung halten, ist diese Position die sicherste. Der Wechsel Lungenautomat gegen Schnorchel ist ohne Verrenkungen mit einem einzigen Griff möglich. Das ist im Wellengang der Ostsee wichtig.

Die Flossen sollten ausreichend groß und von einer Ihrem Trainingszustand angemessenen Härte sein. Zu weiche Flossen können eine so hohe Beinschlagfrequenz erfordern, daß man außer Atem kommt. Das ist mindestens so nachteilig wie zu harte „Bretter", die Krämpfe zu provozieren, und das nur, weil man sie vorher nicht getestet hat.
Das Tauchermesser ist ein von allen Verbänden zu Recht geforderter Ausrüstungsgegenstand. Im Idealfall hat das Messer eine

zehn bis 20 Zentimeter lange scharfe Schneide, auf dem Rücken eine Säge zum Durchsägen dickeren Tauwerks sowie einen speziellen Schliff zum raschen Kappen dünner Schnüre wie etwa Angelsehnen. Beim Wracktauchen steigt die Gefahr, in alten Fischernetzen hängenzubleiben. Hier hat das zusätzliche (!) Mitführen einer stabilen Schere aus dem Gartenbereich etwas für sich. Das ausgewählte Modell sollte Kunststoffleinen von sechs bis zehn Millimeter Durchmesser sicher durchtrennen können. Das ist dann wirksamer als ein Tauchermesser.

Wind und Strömung können auch das beste Tauchteam abtreiben. Führen Sie zur Sicherheit in jedem Jacket eine aufblasbare Stabboje von 1,5 bis zwei Meter Länge mit. Das erleichtert den Skippern erheblich, die Taucher zu finden.

Es ist Ihr persönliches Sicherheitsplus, wenn Sie noch wie in der „guten alten Zeit" mit Tabelle, Uhr und Tiefenmesser zurechtkommen. Für Tauchgänge in der tiefen Ostsee jedoch, insbesondere bei der Planung von Wiederholungstauchgängen, sind moderne Tauchcomputer unerläßlich.

Ganz gleich, ob Sie in einem Dreieckskurs zurück zum Anker oder bei Nacht und Nebel zurück zum Ufer möchten, zu Ihrer Ausrüstung sollte immer ein schon montierter Kompaß gehören.

Tauchgänge bis in 40 Meter Tiefe können von geübten Tauchpartnern auch bei Totalausfall einiger Systeme zu einem guten Ende gebracht werden. Häufige Tieftaucher scheinen mit Preßluft auch 60 bis 80 Meter Tiefe noch sicher zu bewältigen. Jenseits der 40-Meter-Marke sind jedoch die Reaktionszeiten sehr verlangsamt und gleichzeitig der Atemgasverbrauch sehr hoch.
Wenn auf derartigen Tauchgängen ein Taucher die Nerven verliert und am Zweitautomat des Partners in derselben Art weiteratmet, nachdem er den eigenen Luftvorrat verbraucht hat, dann wird es auch für den Hilfeleistenden fraglich, ob er noch gesund nach oben kommt. Deshalb: Tauchen Sie nicht allein, begrenzen Sie die Unternehmung auf 40 Meter Tauchtiefe, und wählen Sie Tauchpartner, die Ihnen als zuverlässig bekannt sind.
Sicheres Tauchen und Wohlfühlen beim Tauchen beruht zum

*Der Gemeine Seestern ernährt sich unter anderem auch von Miesmuscheln. Seine Färbung reicht von bräunlich-rötlich bis violett.*

großen Teil auf der mentalen Überzeugung, daß eigentlich nichts passieren kann. Sie wissen, daß Sie selbst und Ihre Technik in guter Verfassung sind, daß Sie vernünftig tauchen und auch Erfahrung in ähnlichen Situationen haben. Tauchtiefen und Anspruch der Vorhaben haben Sie langsam gesteigert, Sie sind vom Einfachen zum Komplizierten geschritten. Und trotzdem plagt Sie mitunter das unerklärliche, ungute Gefühl. Vor allem bei geübten Tauchern kann dies eine schlechte Tagesform bedeuten oder eine sich anbahnende, noch nicht erkennbare Gefahrensituation anzeigen. Tritt dies vor einem Ihrer Tauchgänge auf, sollten Sie aufs Abtauchen verzichten. Während eines bereits begonnenen Tauchganges sollten Sie einen geordneten Rückzug einleiten.

Dekompressionspflichtige Tauchgänge sind nicht immer vermeidbar, Sie sollten sie jedoch im kalten Wasser möglichst selten unternehmen.
Im Rahmen der Nullzeit zu tauchen ist grundsätzlich die beste

*An der Umgebung kann man sehen, wie gut die Scholle in ihrem Lebensraum getarnt ist. Oft wird man unachtsam an ihr vorbeischwimmen.*

Variante. Sofern die zur Verfügung stehende Grundzeit für Ihr Vorhaben nicht ausreicht, ist ein längerer, dekopflichtiger Tauchgang mit sorgfältiger Planung günstiger als ein oder zwei kurz aufeinander folgende Wiederholungstauchgänge.
Selbstverständlich sollte eine Luftmengenberechnung so aussehen, daß man mit Sicherheit und (!) Atemgasreserven eine regelrechte Dekompression durchführen kann. Häufig taucht man doch tiefer als vorher geplant war. Das kann beim Wracktauchen leicht passieren, wenn man so beeindruckt ist, daß man die Zeit vergißt. Manchmal geht aber auch unnötigerweise Zeit verloren, wenn man sich aus mißlichen Situationen, wie zum Beispiel Fischernetzen, befreien muß. In einem solchen Fall wird oft der Fehler begangen, mit der Restluft bis zur Drei-Meter-Dekostufe aufzutauchen und dort so lang wie möglich, eventuell auch länger als der Computer anzeigt, zu dekomprimieren. Durch die Mißachtung der tieferen Dekostops (zum Beispiel in zwölf, neun oder sechs Meter Tiefe) sind aber längst Stickstoffblasen entstanden, die die Kapillaren verstopfen und

eine weitere Inertgasabatmung weitgehend verhindern oder lange verzögern.
Deshalb halten Sie im Zweifelsfall unbedingt die tieferen Dekompressionsstops ein. Dann können Sie den Drei-Meter-Stop abkürzen oder ganz ausfallen lassen. Tauchen Sie von einem seriösen Tauchschiff aus, hängt in drei bis sechs Meter Tiefe ohnehin eine Deko-Flasche, mit der Sie dann normal zu Ende dekomprimieren.
Wenn Sie zu schnell aufgestiegen sind und keine Dekompressionskammer zu erreichen ist, können Sie als Gegenmaßnahme für ein bis zwei Stunden hundertprozentigen Sauerstoff an Land atmen.
Natürlich ist es am besten, wenn unmittelbar nach einem Dekompressionsunfall der Rat eines kompetenten Taucherarztes in Anspruch genommen wird.
Folgendes sollten Sie auf jeden Fall wissen: Bei tiefen Temperaturen ist die Löslichkeit von Gasen in Flüssigkeiten und im Körpergewebe höher als in wärmerem Wasser. Es kann daher nicht empfohlen werden, Dekompressionstauchgänge im Naßanzug auszuführen. Diese erhöhte Gaslöslichkeit kann (nebst Sekundärfaktoren wie Tagesform, Dehydratation und ähnlichem) sogar bei regelrecht ausgeführten Haltezeiten zu – wiederum individuell verschiedenen – DCS-Symptomen führen. Auf Grund der relativen Kälte der Ostsee kann dies wesentlich eher als in warmen Meeren geschehen. Grundsätzlich sollte man folgendes in Betracht ziehen: Die Neuentwicklung von Gasblasen aus übersättigten Körpergeweben ist noch maximal vier bis sechs Stunden nach Aufstiegsende möglich. Innerhalb der ersten zwei Stunden entstehen über 70 Prozent aller DCS-Symptome. Je eher Symptome auftreten, desto dramatischer wird der Verlauf. Wenn kurz nach dem Austauchen vermeintlich harmlose Symptome (Taucherflöhe) auftreten, ist dringend die komplette Rettungskette zu veranlassen, denn es wird für den Betroffenen oft noch übler kommen. Die normobare 100prozentige Sauerstoffatmung ist die beste Erste Hilfe! Sofern erst zwei Stunden nach Austauchen oder noch später DCS-Symptome auftreten, wird sich daraus nach Ansicht erfahrener Tauchmediziner zumindest nicht mehr die gefürchtete DCS II entwickeln.

*Nur für ausgebildte Wracktaucher: die alten Landebrücken des Alten Marinehafens Tarnewitz.*

**Daraus folgt:**

1. Möglichst in der Nullzeit tauchen.
2. Falls Dekompressionstauchgänge geplant werden, mindestens für

   Dekoflasche unter dem Schiff,
   Sauerstoff an Bord und
   Auffrischung der Kenntnisse über DCS-Symptome und Rettungskette sorgen.

Das Betauchen von Wracks ist eines der aufregendsten Ostseeabenteuer. Solange das versunkene Schiff nur außen herum beziehungsweise an Deck besichtigt wird, handelt es sich um relativ unkomplizierte Tauchgänge. Sobald jedoch das Eindringen in das Wrack geplant ist, sind die Gefahren mit dem Höhlentauchen vergleichbar. Dann sind Reservemaske, zwei getrennte Automaten, zwei bis drei Lampen sowie Leitseil (Reel) Pflicht. Aufsteigende Ausatemluft kann Partikel aus

*Um größer zu erscheinen, richtet der Seeskorpion seine Rückenflosse auf. Im Vorderkiemendeckel befinden sich zwei Stachel.*

abblätternder Farbe, Ölresten, zerfallenen Hölzern oder Verkleidungen so im Wasser verteilen, daß die Sicht in kürzester Zeit sehr schlecht wird.

Zur äußeren Besichtigung eines Wracks bei Tageslicht genügt es, wenn jeder Taucher eine Lampe mitführt. Häufig bieten die Lampen mit 20 bis 50 Watt Leistung ein angemessenes Verhältnis von Lichtausbeute und Brenndauer. In der oftmals partikelreichen Ostsee können sogar schwache Lampen von 10 bis 20 Watt den Eindruck des „besseren Sehens" vermitteln, weil die Schwebeteilchen weniger stark angestrahlt werden und deren Reflexion nicht so stark ist. Mit Lichtleistungen von 100 Watt und mehr können Sie unter Umständen die Unterwasserszenerie grandios beleuchten, aber die Brenndauer solcher Lampen liegt oft unter 45 Minuten. Überdies scheucht man alle Fische vor sich her, noch ehe eine nähere Beobachtung möglich ist.

Zum Nachttauchen ist es empfehlenswert, eine kräftige Lampe für den Tauchgang selbst sowie eine kleine Reservelampe für den

Fall der Fälle sowie zum Ablesen der Instrumente mitzunehmen. Falls der Einstieg an Land nicht durch die Silhouetten eindeutiger Landmarken, durch Lampen oder beleuchtete Gebäude sicher zu erkennen ist, markiert man die Stelle mit einem kleinen Signalblitz. Wenn Sie vom Schiff aus Nachttauchen, sollten dessen obligatorische Positionslichter genügen.

Für Fotografen kehrt sich das Verhältnis von mitgeführter Hauptlampe und Reservelämpchen um: Um scheue Tiere zu porträtieren, ist ein Pilotlicht von 3 bis 10 Watt Leistung auf der Kamera am günstigsten. Die kräftige Hauptlampe wird für außergewöhnliche Situationen beziehungsweise den Rückweg mitgeführt.

Nur ein bis zwei Meter Sicht sind außergewöhnlich üble Verhältnisse, 4 bis 6 Meter Sicht normal, 8 bis 12 Meter Sicht gelten schon als überragend gut. Nur in der kalten und planktionarmen Jahreszeit können mal bis zu 30 Meter Sicht auftreten.

# Von Priwall bis Peenemünde-Sehenswertes zu Lande

Tauchfahrten an die Küste von Mecklenburg-Vorpommern bedeuten nicht allein Unterwasserabenteuer. Sie bringen Tauchern wie nichttauchenen Partnern auch die intensive Begegnung mit einer „anderen" Welt, dem ganz speziellen Flair von Häfen und Schiffen, Hansestädten und Fischerdörfern, wildromantischen Küstenlandschaften und nicht zuletzt dem rauhen Seewetter.

*Da kann man schon mal Fernweh bekommen. Am Priwall liegt die schmucke Viermastbark „Passat" vertäut.*

Um das Erlebnis Ostseeküste mit allen Sinnen genießen zu können, sollen hier ohne Anspruch auf Vollständigkeit einige Landschaften und Sehenswürdigkeiten beschrieben werden, die so nur an der „Waterkant" zu finden sind.

Klützer Ort oder Nordwestmecklenburg heißt jene Halbinsel zwischen Lübecker und Wismarer Bucht, auf der die Zeit stehen geblieben zu sein scheint. Malerische Dörfer drücken sich zwi-

schen rapsgelbe Felder, stille Wege und Baumalleen laden zu erholsamen Fahrradtouren ein. Freunde archaischer Küstenlandschaften zieht es zum Brooker Wald und ans Großklützhoved. Weithin sichtbar erhebt sich die Klützer Mühle über dieses ebene Land. Besonders erholsame Spaziergänge kann man im Ostseebad Boltenhagen unternehmen, das schrittweise den Charme eines mondänen Ostseebades zurückerobert. Freunde der Stille schätzen das abgelegene Schloß Bothmer, hinter dem sich ein wunderbarer Park mit uralten Bäumen erstreckt.
Westwärts reicht der Klützer Winkel bis heran an die Halbinsel Priwall, in deren Nähe ein ganz besonderes maritimes Kleinod zu besichtigen ist: Die Viermastbark „Passat" wurde 1998 vollständig renoviert und liegt nun wieder festgemacht beim Sportboothafen Travemünde. Dieser Stahlsegler ist ein Stück Hochtechnologie des vorigen Jahrhunderts und eines von nur noch vier Schiffen, die die englischen Seeleute einst voller Ehrfurcht „Flying-P-Liner" tauften.
Ein Bummel in der Nähe des „die Grube" genannten Baches erschließt die verborgenen Schönheiten in Backsteinbauweise: St. Nikolai mit dem größten Kirchenschiff Norddeutschlands und das Wassertor am Alten Hafen gelten als besondere Schmuckstücke. Im Schabbelt-Haus findet man ein sehenswertes maritimes Heimatmuseum, am Markt die beeindruckende Schaufassade des „Alten Schweden". Wismar ist einen Spaziergang zwischen Markt und altem Hafen wert!

Nur etwa 35 Kilometer von Wismar entfernt, erreichen Sie die Landeshauptstadt Schwerin. Diese einstige Obotritengründung ist ringsum von den Wasserflächen verschiedener Seen eingefaßt und – sei es bei Eisbedeckung oder im Sommer – stets ein wunderbarer Anblick. Romantisch verwinkelt erhebt sich das vieltürmige Schweriner Schloß auf einer grünen Insel zwischen Schweriner See und Burgsee. Das Schloß Chambord an der Loire soll Gottfried Semper einst Anregung für seine Entwürfe gegeben haben. Das Schloßmuseum besitzt die bedeutendste Kunstsammlung im Norden der neuen Bundesländer. Sollten Sie sich lieber draußen aufhalten, ist ein Besuch der historischen Schleifmühle zu empfehlen. Oder eine Schiffsrundfahrt auf dem riesigen Schweriner See.

*Das prächtige Schweriner Schloß wurde Chambord an der Loire nachempfunden. Ein Besuch lohnt sich garantiert.*

Von Rerik bis nach Heiligendamm erstreckt sich die sogenannte westliche Bäderkette. In Rerik bietet das Heimatmuseum am Haff Einblick in die Geheimnisse der Küstenfischerei. Kühlungsborn zählt heute wieder zu den Nobelseebädern an der Ostseeküste. Wunderschöne schloßartige Villen, wie etwa das „Schloß am Meer", künden davon. In Kühlungsborn begann das Badevergnügen bereits 1857 und hat somit eine ungewöhnlich lange Geschichte.
Zwischen Kühlungsborn und Bad Doberan „rast" der Molli hin und her. Diese Bäderschmalspurbahn fährt auf einer Strecke von 15,4 Kilometer und zählt zu den bekanntesten Attraktionen der Gegend.
Trotz der unbestritten langen Geschichte Kühlungsborns gilt Heiligendamm als Deutschlands ältestes Seebad. Hier datieren die ersten Investitionen in den Fremdenverkehr von 1793; Herzog Friedrich Franz von Mecklenburg-Schwerin stiftete einen Teil der von Mecklenburger Bataillonen in Holland verdienten Söldnertaler für Heiligendamm.
Östlicher Endpunkt des Bäderexpress Molli ist Bad Doberan. Architekturliebhaber finden hier das Doberaner Münster, ein

*In der Hansestadt Rostock wird auf dem Traditionsschiff „Frieden“ die Schiffahrtsgeschichte vom Einbaum bis zum Containerfrachter gezeigt.*

Highlight der norddeutschen Backsteingotik. Im berühmten Chinesischen Pavillon zu Bad Doberan können Sie bei einer stilechten Schale Tee überlegen, wohin Ihre weiteren Küstenwanderungen führen könnten. Zum Beispiel wäre der Nienhagener Gespensterwald zu empfehlen. Auf einem zehn Meter hohen Kliff aus Geschiebemergel wächst, hoch über dem Meer, ein düsterer Wald aus bizarren Buchen. Vor allem der seeseitige Waldrand ist heftig vom Ostseewind geformt worden.

Warnemünde ist ein Synonym für Ostsee, den feinen Sandbadestrand und den Leuchtturm, der wieder besichtigt werden kann. Von dort hat man einen weiten Überblick über den Alten Strom, die Hafeneinfahrt, die Warnow, bei gutem Wetter reicht die Sicht bis Stolteraa, zum Darß und natürlich weit auf`s Meer hinaus. Es sitzt sich gut in den gemütlichen Kneipen und Cafés am Alten Strom, von denen man Ausblick hat auf die ein- und auslaufenden Schiffe. In dieser Region am Alten Strom herrscht in der Saison reges Nachtleben, einerlei, ob man mit Seefahrern am Tresen debattieren oder ins „Neptun” zum Tanz möchte. Die Warnemünder Mole ist immer gut für eine Mütze voll Wind, für einige Spritzer Seewasser – und als Angelplatz!

Rostock und Barth waren einst die Hochburgen der Segelschiffahrt in Mecklenburg-Vorpommern. Diesen Seefahrertraditionen können Sie heute an vielen Stellen der Stadt nachspüren. Im Schiffahrtsmuseum am Steintor sind zahlreiche maritime Exponate und eine weithin berühmte Sammlung von Schiffsmodellen zu sehen. In Rostock-Schmarl sind das Traditionsschiff, der Schwimmkran „Goliath" und weitere Zeitzeugen der Schiffahrt vertäut. An Bord des 10.000-Tonners „Frieden" wird eine Ausstellung über die Schiffahrt – vom Einbaum bis zum modernen Handelsschiff – gezeigt. Der Stadthafen von Rostock ist Museumshafen geworden. Hier befindet sich der Winterliegeplatz verschiedener Großsegler wie „Sedov und „Mir". Stadthafen, Warnow und die Küste vor Warnemünde sind alljährlich im Hochsommer Schauplatz der „Rostocker Hanse Sail", eines der größten Traditionsseglertreffen im Ostseeraum. Selbstverständlich hat die Geschichte auch der Innenstadt von Rostock zwischen Steintor und Kröpeliner Tor ihren Stempel aufgedrückt, in der wir die prachtvollen Giebel alter Patrizierhäuser und gut erhaltene Speicherbauten finden.

Der Wustrower Kirchturm bietet weiten Überblick über die Ostsee, die bizarre Form der Inseln, Halbinseln und Bodden. Das Seefahrerdorf Wustrow ist geprägt von Kapitänshäusern mit Ziegeldächern und Fachwerkhäusern mit tief heruntergezogenen Schilfdächern.

Ahrenshoop bestand einst nur aus zwei Reihen Fischerkaten, ehe die Maler diesen verwunschenen Fleck entdeckten und zu einer Künstlerkolonie entwickelten. Reetgedeckte Häuser, Steilufer und Küstenwald boten und bieten den Künstlern Motive ohne Zahl. Heute kann man Ahrenshooper Kunstwerke im „Kunstkaten" besichtigen und erwerben.

Rund um den Darßer Ort können Naturfreunde einen Küsten(ur)wald besuchen, der nicht seinesgleichen hat. An der Nordspitze des Darß tragen Wind und Wellen unbeeinflußt vom Küstenschutz Land und Sand ab und lagern das Material östlich wieder an, so daß die natürliche Entwicklung einer Flachküste bilderbuchmäßig sichtbar wird. Der Besucher kann sich im Natureum unterhalb des Leuchtturmes Darßer Ort ausführlich über diesen Nationalparkteil informieren.

Bernstein zählt zu den bekanntesten Schätzen der Ostsee, jederzeit können Sie selbst etwas finden. Um so interessanter ist das Bernsteinmuseum im Kloster von Ribnitz-Damgarten. Hier erfahren Sie alles über die verschiedenen Sorten Bernstein, über fossile Einschlüsse und Bernsteinschmuck. Beinahe ein Pflichtbesuch für Taucher!

Stralsund ist ebenso wie andere Hansestädte mit einem großen Anteil malerischer Fachwerkhäuser und norddeutscher Backsteinbauten gesegnet. Gar nicht weit vom Alten Markt befindet sich im historischen Gemäuer des früheren Klosters am Katharinenberg das Deutsche Museum für Meereskunde und Fischerei. Dieses erstklassige Haus beschäftigt sich zu einem großen Teil mit einheimischen Lebensräumen und ist für Ostseetaucher und Naturfreunde sehr zu empfehlen.
Die Hansestadt Stralsund ist gleichzeitig das Tor zu Deutschlands größter Ferieninsel Rügen. Direkt am Rügendamm, auf dem Dänholm, hat sich ein Marinehistorisches Museum etabliert, das die Geschichte des Militärstandortes Dänholm ebenso beleuchtet wie Einblicke in die Marinetaucherei vermittelt.

Rügen ist die Insel der Inseln, mit einem nahezu unerschöpflichen Reservoir an wunderschönen Naturlandschaften, berühmten Bauwerken und freundlichen Orten.
Strandwanderern könnte man die Dünenheiden, Steilufer und phantastischen Windflüchterbäume bei Kreptitz empfehlen. Oder eher das windumtoste Kap Arkona mit seinen drei Leuchttürmen und der alten Slawenburg? Einzigartig in Europa ist die schmale Heide bei Prora mit ihren Feuersteinfeldern. Als Höhepunkt aller Rügen-Wanderungen gilt ohne Zweifel jene Tour, die an der Strandpromenade von Saßnitz beginnt und über die Piratenschlucht, durch die Wälder der Stubnitz, vorbei an den von Caspar David Friedrich gemalten Wissower Klinken bis zum Königsstuhl führt. Letzterer ist mit seinen 122 Metern Höhe der wohl berühmteste Kreidefelsen Europas.
Architekturfreunde werden ihre helle Freude beim Besuch des Jagdschlosses Granitz haben. Der Aussichtsturm ist wieder eröffnet und bietet einen phantastischen Ausblick über Rügen. Für Taucher ist das unterwasserarchäologische Museum am Saßnitzer Hafen zu empfehlen. Rügens spektakulärstes

*Für die Störtebeker-Festspiele auf Rügen kann man ruhig mal einen Nachttauchgang sausen lassen.*

Sommerereignis sind und bleiben die Störtebeker-Festspiele auf der Naturbühne Ralswiek. Wie dort die Abenteuer der Vitalienbrüder unter freiem Himmel unter Mitwirkung von Pferden, Hunden, Schiffen und gehörigem Feuerwerk in Szene gesetzt werden, bleibt wohl allen Besuchern unvergessen. Info: Tel.: 03838 – 31100, Fax: 03838 – 313 192.

Die Stadt hat wie viele Hansestädte einen sehenswerten historischen Stadtkern. Ziel der Besucher sind jedoch überwiegend die Klosterruine Eldena und die Holländer-Klappbrücke über der Ryck in Greifswald-Wieck. Die Bootsliegeplätze um die Mündung des Rycks und die zugehörigen Uferpromenaden sind eine gern für Spaziergänge genutzte Gegend.

Die Insel Usedom ist reich an feinen Sandbadestränden. Mit den Seebadeorten Zinnowitz, Bansin, Heringsdorf und Ahlbeck ziehen sich die der sogenannten „alten Nobelbäder" bis hin zur polnischen Grenze. Hier gibt es reichlich Gelegenheit, wunderbare Villen und nostalgische Kurhäuser zu besichtigen oder von

*Die imposanten Wissower Klinken auf Rügen dienten einst Caspar David Friedrich als Anregung für seine Gemälde.*

beeindruckenden Seebrücken aus auf das Meer zu schauen. Die Geschichtsschreibung vermutet die sagenhafte Stadt Vineta zwischen Usedom und Wolin, neuere Forschungen halten eine Lage im Barther Bodden für möglich. In Zinnowitz bietet sich jeden Sommer wieder die Gelegenheit, der Vineta-Sage in Form eines modernen Theaterstückes, ja beinahe Musicals, zu begegnen. Unbedingt sehenswert!

Der im historischen Sinne bedeutendste Ort Usedoms ist jedoch Peenemünde, der erste Weltraumbahnhof der Welt. Hier entwickelte Wernher von Braun die erste Flüssigkeits-Großrakete. Damit war die Grundlage für die V2-Waffen im Zweiten Weltkrieg, aber auch für die späteren Flüge zum Mond, geschaffen.
Heute sind von den weitläufigen Anlagen nur noch das Sauerstoffwerk, Prüfstandreste und das Kraftwerk übrig. Rund um das Kraftwerk und den Hafen Peenemünde ist heute eine interessante Ausstellung zur Raketenentwicklung und militärischen Geschichte des Ortes zu sehen.

# Funde unter Wasser

Jederzeit können Sie in der Ostsee historische Gegenstände entdecken, die für die Wissenschaft Archäologie wertvoll sind. Die „Spielregeln" sind in Mecklenburg-Vorpommern und im Denkmalschutzgesetz (DSchG) eindeutig geregelt.

**Grundsätze sind:**

1. Das Bundesland ist Eigentümer von Funden aus den Gewässern.
2. Eigenmächtige Ausgrabungen sind verboten.
3. Die Verwendung technischer Suchgeräte (Sonar, Detektoren) ist meist genehmigungspflichtig.
4. Der Finder darf eine Fundstelle nicht verändern und soll – soweit ihm eine Positionsbestimmung auf See möglich ist – die Fundstelle beim zuständigen Amt für Bodendenkmalpflege melden.
5. Falls möglich, soll für obige Meldung der ursprüngliche Fund-Zusammenhang skizziert werden.

Detailinformationen bietet das Buch „Denkmalschutzgesetze" von 1997, ISBN 0723 – 5747.

**Kontaktadresse:**

Mecklenburg-Vorpommern:
Landesamt für Bodendenkmalpflege
Fachreferat Unterwasserarchäologie
Schloß Wiligrad
19069 Lübstorf
Tel.: 03867 – 8805

Interessierte Sporttaucher können innerhalb der jeweiligen Landesverbände für Unterwasserarchäologie als ehrenamtliche Helfer an Vermessungen von Fundstellen und Bergungen teilnehmen.
Kontakt in Mecklenburg-Vorpommern: Tel.: 038391–129 22.

# Über die Autoren

**Falk Wieland,** Jahrgang 1962, hat bereits mit 19 Jahren seine erste funktionsfähige Unterwasserkamera angefertigt. Seitdem dokumentiert er die Geheimnisse der Unterwasserwelt von kalten Meeren und Binnenseen. Seit etwa zehn Jahren profitieren nahezu alle deutschsprachigen Taucherzeitschriften, aber auch Sportfischer- und Aquarienmagazine von seinen Unterwasseraufnahmen und Reportagen. Seine Arbeit als Techniker und Forschungstaucher am Institut für Hydrobiologie der TU Dresden vermittelt in idealer Weise immer wieder Anregungen und kompetentes Hintergrundwissen für entsprechende Publikationen. Falk Wieland hat bereits mehrere Bücher veröffentlicht. Er sieht die Ostsee als das leicht erreichbare Meer „vor der Haustür". Ein kaltes Meer von spröder Schönheit, das die Beobachtungsgabe jedes Tauchers fordert – und belohnt.

*Dr. Sabine Reul und Falk Wieland haben für dieses Buch unzählige Tauchgänge mit schwerer Fotoausrüstung unternommen.*

**Dr. Sabine Reul** taucht seit mehr als zehn Jahren in der Ostsee. Das rauhe Ostseetauchen ist für die promovierte Informatikerin – deren Job nun einmal in geschlossenen Räumen stattfindet – ein angenehmer Ausgleich. Sie hat sich besonders auf die Makro-Fotografie spezialisiert und viele Tierporträts für dieses Buch erstellt. Zahlreiche Fotos wären ohne ihre engagierte Mitarbeit als „tauchendes Model" und Beleuchterin nicht denkbar gewesen.

Dr. Sabine Reul und Falk Wieland präsentieren die Ostseeküste von Mecklenburg-Vorpommern als angenehmes Urlaubsgebiet für Taucher und ihre – eventuell auch nicht tauchenden – Familien. Die Sehenswürdigkeiten zu Lande sind ebenso abwechslungsreich wie die Beobachtungsmöglichkeiten unter Wasser.

# Notfalladressen

Therapie-Druckkammern
Stand 1. Januar 1999

Kronshagen / Kiel
Schiffahrtsmedizinisches Institut
der Marine und Nationale Hotline DAN Europe
Kopperpahler Allee 120
24119 Kronshagen
Telefon: 0431 - 54090

Hamburg
Druckkammerzentrum Hamburg
Rübenkamp 148
22307 Barmbeck
Telefon: 040 - 6327 3434
nach Dienst 112 oder 040 - 2882 4777

Berlin
Institut für Hyperbare Medizin und Tauchmedizin
Oskar-Helene-Heim
Clayallee 223
14195 Berlin
Telefon: 030 - 810 041

Bremen
Zentrum für Tauch- und Überdruckmedizin
Ermlandstraße 55
28777 Bremen
Telefon: 0421 - 600 7577
D2-Netz 0172 - 4297 484 oder
D2-Netz 0172 - 4300 453

# Quellenangaben und Literaturhinweise

**Bildquellen:**

**Dr. Reul, Sabine:** Seite 9, 13, 29, 35, 37, 55 o., 57, 73, 86, 95, 105, 106, 121, 125, 128, 130, 140.

**Wieland, Falk:** Titelseite, Seite 5, 6, 7, 11, 15, 17, 19, 20, 21 o. u., 22, 23 o. u., 25, 27, 28, 31, 33, 39, 40, 41, 43, 44, 45, 46, 47, 49, 51, 53, 54, 55 u., 58, 59, 60, 61, 62 o. u., 64, 66, 67, 69, 71, 75, 77, 78, 79, 81, 83, 87, 89, 91, 93 o. u., 97, 99, 100, 101, 102, 103, 107, 108, 110, 111 o. u., 112, 113, 114, 115, 116, 117, 118, 119, 120, 126, 127, 131, 133, 135, 136, 139, 142, 145, 146, 149, 153, 154, 157, 160, 161, 163, 165, 166, 169, 170, 172.

**Frei, Herbert:** Seite 122.

*Mit freundlicher Genehmigung:*
Motorbuch Verlag, Stuttgart: Repro Bombenflugzeug „Avro Lancaster".

**Literaturhinweise:**


**Baehr, Stefan:** Wracktauchen in der Ostsee – Westliche Ostsee und Kleiner Belt, Jahr Verlag, Hamburg, 1995.

**Campbell, Andrew C.:** Der Kosmos-Strandführer, Franckh'sche Verlagshandlung, Stuttgart, 1987.

**De Haas, Werner und Fredy Knorr:** Was lebt im Meer an Europas Küsten? Albert Müller Verlag AG, Rüschlikon-Zürich, Stuttgart, Wien, 1990.

**DeCouet, Heinz-Gert und Andrew Green:** Handbuch der Unterwasserfotografie, Jahr Verlag, Hamburg, 1994.

**Frei, Herbert:** Nikonos-Handbuch, Delius Klasing Edition Naglschmid, Stuttgart, 1995.

**Hupfer, Peter:** Die Ostsee – Kleines Meer mit großen Problemen, B.G. Teubner Verlagsgesellschaft, Leipzig, 1978.

**Jonas, Peter:** Unterwasserwelt Ostsee – Fische, Wirbellose, Pflanzen, Jahr Verlag, Hamburg, 1997.

**Kopenhagen, Wilfried (Hrsg.):** Das große Flugzeugtypenbuch, transpress Motorbuchverlag, Berlin und Stuttgart, 1990.

**Lange, Werner:** Vineta – Atlantis des Nordens, Urania-Verlag, Leipzig, 1991.

**Meer und Museum:** Schriftenreihe des Deutschen Museums für Meereskunde und Fischerei, Stralsund, Bd. 5/ 1989 und Bd. 13/1997.

**Müller, Wolfgang und Reinhard Kramer:** Gesunken und verschollen, Koehlers Verlagsgesellschaft, Herford, 1994.

**Rheinheimer, Gerhard (Hrsg.):** Meereskunde der Ostsee, Springer Verlag, Berlin, 1995.

**Wieland, Falk:** Tauchreiseführer Ostdeutschland – Der Norden, Naglschmid Verlag, Stuttgart, 1994.

**Wilhelmy, Jörg:** Tauchplätze der Ostsee – Flensburger Förde bis Lübecker Bucht, Jahr Verlag, Hamburg, 1996.

*Jörg Wilhelmy*

# Tauchplätze in der Ostsee

Flensburger Förde bis Lübecker Bucht

Die Ostsee bietet innerhalb kurzer Entfernungen interessante Tauchgründe mit teilweise bizarr ausgewaschenen Böden und schön bewachsenen Felsbrocken aus der Eiszeit, zwischen denen sich die ganze Vielfalt des hier siedelnden Lebens entdecken läßt. An Land laden Hafenstädte, Fischerdörfer und Strände auch nichttauchende Mitreisende zu Erkundungstouren ein.

Tauchen kann man hier vom Strand oder vom Boot aus, wofür eine Reihe von Tauchshops und -basen ihre Dienste anbieten. Umfassende Informationen über die Plätze, Lage, Anfahrt, Service vor Ort, Unterkunft und Umfeld wurden hier in reisegerechter Form zusammengestellt.

Jahr-Verlag GmbH & Co.
Jessenstraße 1, 22767 Hamburg
Telefon 040 / 3 89 06 - 0, Telefax 040 / 3 89 06 - 302

**ISBN 3-86132-187-4**

FYN
SEELAND
LANGELAND
MØ
LOLLAND
FALSTER
20 m
20 m
20 m
FEHMARN
Weststrand/Da
Am Ahrenshooper Holz (mit Wracktonne „Sandtrans" über 12 m WT)
Ahrenshoop
Heiligenhafen
Oldenburg
MECKLENBURGER BUCHT
Stolteraa
Grömitz
Neustadt
LÜBECKER BUCHT
20 m
Markgrafenheide
Wittenbeck
Nienhagen
WUSTROW
Kühlungsborn und Meschendorf (3 Tauchregionen)
Rostock
Warnkenhagen
Auf See vor Großklützhöved und Steinbeck
Am Kolonnenweg
Boltenhagen/ Weststrand
POEL
Heiligendamm und Börgerende
Travemünde
Steinbeck
Flagg- und Krakentief
Brook
Timmendorf Insel Poel
Groß Schwansee
Zielschiff Tarnewitzer Huk
Wismar
Die Zielinseln von Tarnewitz
Lübeck
Eggers Wiek/ Hohenwieschendorfer Mole
Alter Marinehafen Tarnewitz
Seegraswiesen vor Beckerwitz
Anleger Wohlenberg
Wohlenberger Wiek Zentraler Teil